多视角下的
高校学生管理工作探索研究

王　晨　著

中国建材工业出版社
北　京

图书在版编目（CIP）数据

多视角下的高校学生管理工作探索研究 / 王晨著
. -- 北京：中国建材工业出版社，2024.1
ISBN 978-7-5160-3996-0

Ⅰ. ①多… Ⅱ. ①王… Ⅲ. ①高等学校－学生－学校管理－研究 Ⅳ. ①G645.5

中国国家版本馆 CIP 数据核字（2023）第 245698 号

多视角下的高校学生管理工作探索研究
Duoshijiao xia de Gaoxiao Xuesheng Guanli Gongzuo Tansuo Yanjiu
王　晨　　著

出版发行：中国建材工业出版社
地　　址：北京市海淀区三里河路 1 号
邮　　编：100044
经　　销：全国各地新华书店
印　　刷：北京传奇佳彩数码印刷有限公司
开　　本：787mm×1092mm　1/16
印　　张：9.5
字　　数：125 千字
版　　次：2024 年 1 月第 1 版
印　　次：2024 年 1 月第 1 次
定　　价：59.80 元

本社网址：www.jccbs.com，微信公众号：zgjcgycbs

前言

高校学生管理是高校管理工作的重要组成部分，以培养具有创新精神和实践能力的高层次人才为培养目标。如何有效地开展这一工作，将完成人才培养使命与建立和谐社会目标相统一，是高校思想政治工作者需要深入研究的课题。加强大学生日常管理和思想政治工作的规范性，在管理中融入人文关怀，是做好学生管理工作的重要保障和途径，也是提高高校办学水平、实现高层次人才培养目标的必要条件。规范管理，即用相对系统、科学、稳定的方式对学生进行管理，最终实现预期目的的管理过程。它要求管理者在管理过程中树立民主法治观念，依照国家法律法规和学校的各项规章制度，在公开、公正、科学的原则下，按照程序实施有序管理，最终实现科学育人的目的。随着社会主义市场经济体制的逐步完善，高等教育事业的快速发展，以及信息时代对大学生思想观念的影响，大学生的思想观念日益复杂，高校学生管理工作面临着十分严峻的挑战。在人才竞争日益激烈的新形势下，高校学生工作管理必须在管理理念、管理制度、管理模式、管理方式等方面进行改革，创新思路，以培养出适应时代发展、符合社会期望、满足国家需求的高层次人才。

本书是高校管理方向的书籍，主要研究高校学生管理工作，本书从高校学生管理的理论基础入手，对高校学生时间与学业管理、高校学生法治化管理、高校学生事务管理进行了分析研究；另外对高校学生管理工作理念进行了探索与创新。本书重视知识结构的系统性和先进性；本书论述严谨，结构合理，条理清晰，重点突出，通俗易懂，内容丰富新颖，具有前瞻性、科学性、系统性和指导性。

本书在写作的过程中，参阅、借鉴和引用了国内外许多同行的观点和成果。各位同仁的研究奠定了本书的学术基础。由于水平有限，书中难免有错误、疏漏、不妥之处，恳请读者批评指正。

目录

第一章　高校学生管理的理论基础

第一节　高校学生及其管理者

一、高校学生的认知

（一）我国对高校学生培养的统一要求

第一，热爱祖国，拥护中国共产党的领导，愿意为社会主义现代化建设服务，为人民服务，有为国家富强、民族昌盛而奋斗的志向和责任感；具有良好的思想品德、社会公德和职业道德；具有爱岗敬业、艰苦奋斗、热爱劳动、遵纪守法、团结合作的品质。

第二，掌握本专业的基础知识、基本理论、基本技能；具有一定的从事本专业业务工作的能力和适应相邻专业业务工作的基本能力和素质；具有一定的人文社会和自然科学基本理论知识；具有独立获得知识、提出问题、分析问题和解决问题的能力及开拓创新的精神。

第三，具有一定的体育和军事基本知识，掌握科学锻炼身体的基本技能，养成良好的体育锻炼和卫生习惯；受到必要的军事训练，达到国家规定的大学生体育和军事训练合格标准；具备健全的心理和健康的体魄，能够履行建设祖国和保卫祖国的神圣义务。

（二）高校学生培养目标与教学过程

1. 专科生的培养目标与教学过程

专科主要是培养高等技术实用型、应用型专门人才，学制一般为2～3年。专科生具有一定的科学文化知识和专业知识，具备较扎实的专业技能、动手能力和实践能力，能把理论应用到解决实际问题中，且职业适应能力强，具备进入劳动力市场所需的资格和能力。专科生的教学过程通常分为几个环节：①构建全面的知识体系。专科教育更多的是强调应用，毕业生应具有适度的基础理论知识、较强的技术应用能力、较宽的知识面。②培养适合就业的发展方向。培养学生具有爱岗敬业、踏实肯干、谦虚好学和团结合作的精神，脚踏实地在生产、建设、管理和服务的第一线工作。③突出基础理论知识的应用。基础理论教学以应用为目的，以必须、够用为度。④专业课针对性和应用性强。强化针对性和应用性，以学习掌握常规的知识为主，解释常规的过程、结构、原理、应用特点、分析等。⑤实践环节。是整个教学过程的重要组成部分，旨在培养学生的创新意识和实践能力，是实现应用型人才培养目标的重要教学环节。这些实践性教学环节的落实和完成，是全面实施教学计划的关键，是帮助学生培养综合运用所学理论知识，提高分析和解决实际问题能力的重要途径。教学实习可让学生对某一专业技能岗位实行跟班顶岗，突出基本实践能力与操作技能、专业技术应用能力与专业技能、综合实践能力与综合技能的有机结合。

2. 本科生的培养目标与教学过程

本科主要是培养复合型人才。本科生既具有一般的人文、社会和自然科学知识，又具有多种能力和发展潜能，能在本学科专业或相关学科专业内多方位地开展工作，有较强的适应能力和较全面的综合素质。

本科生的基本规格和质量标准是掌握本学科、专业必需的基础理论、基本知识，掌握本专业必需的基本技能、方法和相关知识，具有从事本专业实际工作和研究工作的初步能力。本科学制一般为4～5年，与本科教育相应的学位是“学士”。学生完成其学业并经考核合格后，一般被授予“学士”学位证书。本科生的教学过程主要分为几个环节：①构建完整的理论知识体系。本科教育注重的是理论的系统性与完整性，注重培养学生揭示和解释现象规律的能力。②培养适合科研的发展方向。培养的目标是研究开发型人才，使他们当中一部分成为硕士、博士研究生的后备人才；另一部分面向第一线，成为专业性的复合型人才。③基础理论结合科学思维。在掌握基础理论的同时，培养学生严密、科学的思维方法。本科生的基础理论应循序渐进，有广度亦有一定深度。④专业课突出理论学习。专业课的学习是为了掌握所学学科专业知识，学习专业课的重要目的是掌握基础理论的应用。学生应学会用基础理论来解释专业课中出现的一些现象，揭示其内在的规律，养成一种良好的、科学的思维方式，善于用理论联系实际解决问题。⑤实践环节。课程理论教学过程中的实践环节，其形式有课程实验、实习和社会调查等。集中实践性教学环节的形式有课程设计、社会调查、各类实习、毕业作业（论文）等。因此，实践教学是理论联系实际的“切入点”，是理论过渡到实践的桥梁。根据“实践教学一条线”的教改思路，把各实践环节统筹考虑，逐步形成一个科学的、系统的、操作性强的实践教学培养体系，努力提高实践教学质量。

二、高校学生管理者的认知

高校学生管理者，就是对学生日常思想教育和管理负有直接责任的人。一般包括系（院）专职党委（总支）副书记、专职分团委（总支）书记，专兼职政治辅导员、班主任（导师），行政办公室有关干部；校（院）专职分管学生工作的副书记（副院/校长），党委学生工作部（处）、团委、研究生部（处）、招生就业处全体干部以及党委宣传部（如网络管理科）、教务处（如学籍管理科）、后勤管理中心（如学生公寓管理科）等部门中直接面对学生的专职干部或教师。

事实上，校（院）的几乎所有党委部门和绝大多数行政部门都有有关学生和学生事务的专项职能或工作内容。

（一）高校学生管理者的角色定位

高校学生管理者的中心工作是对学生进行思想政治教育和日常管理。但其工作内容和方式方法明显不同于一般的任课教师，其职责也不同于一般的任课教师。他们的基本职责包括学生的思想政治教育、品德教育、形势政策教育、学生党建和团建、评奖评优、学生集体和组织管理、心理健康的咨询与辅导以及违纪处理等。高校学生管理者是以思想政治教育为主线，寓教育于学生党建和团建、日常教育管理与服务以及指导组织丰富多彩的课外活动、社团活动、社会实践活动中。

高校学生管理者承担着重要的学生管理、服务工作，但不是学生各方面服务工作的协调员。他们要关心学生的学习、生活和工作，并为改善学生的学习、生活和教育条件向学校提出有益的意见和建议，同时要做好落实国家资助贫困生的各项政策，为学生成长成才指导、公共安全应对指导、就业指导服务等。

在现实生活中，高校学生管理者通常并不只扮演一种角色，而是要同时扮演多种角色，这是由其工作性质、任务等决定的。

1. 高校学生管理工作者要充当教师的角色

传统上的教师这个角色的任务是“传道、授业、解惑”。在高等学校，学生管理工作者首先要充当一名教师的角色。

第一，他们要承担思想政治教育的重要责任，他们当中大多数同时是思想品德与法律课教师或就业指导课教师。

第二，除了承担思想政治教育的教学任务外，还要具体负责组织开展以党团员为核心，以党团支部、班级或年级专业为阵地的形势政策教育和党团建设，采用党课、团课、知识竞赛等多种形式，使大学生了解党和国家的路线、方针、政策，树立正确的世界观、人生观和价值观，明确当代大学生所肩负的历史责任，使他们在内心产生为振兴中华民族而发奋学习的斗志和勇气，为祖国、为真理、为建设中国特色社会主义献身的神圣愿望。

第三，他们要对学生的学习态度、学习方法进行指导。大学生的专业学习非常重要，高校学生管理者要指导帮助学生端正学习态度，确立专业思想，并有针对性地做好对学生的学习指导工作，通过专题讲座、经验交流、个别指导、亲自示范等形式，激发学生明确学习目的，树立远大理想，使学生真正体会科学与知识的力量，并掌握科学的学习方法和学习规律。

第四，要努力发掘学生的潜力。在指导帮助学生学好专业知识的同时，高校学生管理者还要努力通过第二课堂，即社会实践活动，发现、发掘人才，使同学们接受全面的锻炼。例如通过举办科技竞赛、社团活动、兴趣小组、文体活动等，为学生提供一个展现自我、展现才华的平台并丰富学生的课余生活，推动学生健康成才。

高校学生管理者作为教师的一员，本身的思想道德素质、知识能力素质、心理品格素质以及工作作风等，对学生的影响极大。一个品行端正、办事公道、心地善良、知识渊博的教师，会赢得学生发自内心的拥戴。因此，充当教师这一角色的学生管理工作者只有严格要求自己，才能真正影响学生、管理学生、为学生提供服务和指导。

2. 高校学生管理工作者是日常事务管理者

高校学生管理者的另一个重要角色是学生日常事务的管理者，他们要运用一定的原理和方法、手段，通过一系列特定的管理行为和方式，维护学校的正常秩序并促进学生的全面健康发展。一方面用相应的条文，对学生的思想和行为进行倡导和制约，在形式和方法上认真制定、完善并严格执行有关规定、制度、章程、纪律和守则；另一方面表扬先进，批评后进，奖励优秀，处罚违纪。

3. 高校学生管理工作者的学者角色

高校学生管理者还有一个重要的角色，就是学者，就是在学生工作领域内，对学生工作的特点、任务、方法和专业知识有较深的研究，并能有效地指导、组织学生开展工作，科学地探索学生工作新规律、新思路、新方法的人。学生管理工作者同时也是学者，这个论断体现在几个方面：①高校学生管理者要研究青年学生的生理、心理特征，知识、能力结构，兴趣爱好及社会氛围对他们的影响，掌握他们的思想变化及教育管理的规律。②高校学生管理者要探索解决学生工作中深层次的问题。高校学生是一个文化程度高（从专科生到研究生）、个性多样、思想活跃、年龄跨度大、情况复杂的群体。在这个群体中，存在着方方面面的诸如价值取向、心理健康、恋爱、家庭、学习指导、法治教育、贫困生、党团建设等一系列问题。这些都要求高校学生管理者必须具有较高而且全面的知识水平以及驾驭和解决这些问题的能力，必须大量地涉猎多方面的书籍、资料，深入地思考、探索、分析各式各样的问题。③高校学生管理者要研究学生管理的机制、一般管理的原则、方法，以及学生在学习、生活、课外活动、思想教育中的具体管理目标、政策、法律法规等；同时要研究管理者本身必备的思想、文化、理论及业务素质，以及这些素质的培养和管理队伍的建设。④高校学生管理者要对自己工作的对象及工作开展深入的研究探讨和创新。创新包括制度创新、技术创新、教育创新以及管理创新。当前高等教育为了应对知识经济的挑战和国际竞争，全面推行了以培养创新意识和创新能力为核心，以素质教育为主要内容的教学改革，如何调整教学目标、改进教学方法、优化教学方案、锻炼和培养学生的创新能力，是摆在所有学生管理工作者面前的一道难题。

（二）高校学生管理者的职责范围

1. 针对高校学生进行教育指导

高校学生管理者的基本职责之一是对大学生进行教育指导。高校学生管理者主要侧重对大学生思想和行为的引导。

通常高校学生管理者要完成的教育包括政治思想教育、专业思想教育、职业生涯教育、心理健康教育、党团知识教育、安全教育、组织协调能力的教育与培养等。如具体指导新生如何适应大学生活，根据学生的特点和志向指导学生制订个人的学习计划；关心学生的思想进步，帮助学生树立正确的人生观和价值观；指导并组织各级学生会、社团、共青团以及党组织的组建、换届工作；指导学生做好职业生涯规划；指导学生参加就业；等等。

2. 能够对高校学生进行管理服务

一般而言，高校学生管理者具体的管理服务工作有几个方面：①学生日常管理，如：学生日常事务工作、学生违纪处理、学生突发事件处理、学生奖励评审、学生助学贷款管理、各类学生工作会议。②学风建设工作，如：学习经验交流、各类科技竞赛活动、学习互助活动。③学生基本资料管理工作，如：学生党团档案管理，助学金、奖学金、奖惩统计，特困生档案管理，计划、总结材料管理，就业资料管理。④社会实践、文娱、体育、卫生等活动的管理。⑤生活服务工作，如：新生咨询、心理指导。⑥助困服务，如：助学贷款服务、勤工助学服务、评发特困生补助。⑦就业指导服务，如：举办就业指导讲座，举办各类招聘会。

需要强调的是，高校学生管理者必须从根本上认识到对学生的管理，最终目的在于提高学生自我管理和自我教育的能力，实质在于帮助学生学会自己管理自己。只有这样，才能极大地挖掘学生的内在潜力，更快更好地实现教育管理的目标。还有，如何进行学生管理模式的创新，以节约资源、优化配置、发挥最大的管理功效，也是高校学生管理者不应忽视的问题。

3. 提高高校学生的整体素质

近年来，大学毕业生中的学生党员和学生干部总是用人单位的首选对象，其重要原因就是用人单位看重毕业生的组织管理能力。虽然学生毕业后不可能都走上领导岗位，从事人事管理工作，但每个人在将来的工作中都会不同程度地运用到组织管理才能，这是现代社会对人才提出的新要求。培养学生的管理素质，能够增强学生的责任心、自信心、参与意识和自强意识以及创造力和竞争意识，是社会发展的需要，是国家进步的保障。

而要达成这样的目标和要求，最需要的就是学校管理素质教育的有效实施。学校应该为学生营造一定的管理氛围，搭建竞争、实践的平台，建立一定的管理机制，采用适当的方法锻炼、提高学生从事管理工作的计划、组织、指挥、协调和控制等能力，并通过学生参与学校、班级、部门的管理过程，增强其领导才能和管理素质。学校提高管理素质的具体措施如下。

(1) 联系实际进行教学

管理科学是一门非常实际的科学，学校一定要注意宏观上的把握，指导教师联系实际进行教学。这主要分为三个方面：一是联系国家的实际；二是结合行业的特点；三是注意自身的文化特点。

(2) 切实提高教学水平

学校一定要注重提高管理素质教育的水平，在制订教学计划时，认真执行三个结合：一是管理的尝试和管理的方法论相结合；二是定量和定性的方法相结合；三是经验和文化相结合。

(3) 实行学生干部竞争上岗

学校应在学生干部（包括学生会干部）的选拔使用上采取学生干部竞争上岗制度。此制度由辅导员教师公布竞选职位，由学生自愿报名参加，由系领导、教师及学生代表组成评委小组。评委小组通过听取学生的竞争演讲，根据学生的工作设想、工作思路、工作措施、表达能力等进行综合评分，最后根据学生的得分及综合情况确定干部人选。学校要为每一位学生提供平等竞争的机会，让学生充分展示自我，这样有利于提高学生的综合素质，激发学生参与管理的积极性，培养学生的管理能力。

(4) 实行学生干部轮换制

为使管理素质的培养与提高落实到每位学生，学校可以在学生干部竞争上岗的基础上，在高年级实行学生干部轮换制，将全体学生推到管理的“主体”位置上，让每一位学生都能参与班级管理。

(5) 学习先进经验

学校应加强和著名管理学校、知名企业的合作，把优秀的教师和管理者请到校园中，用先进的文化和经验培养学生的管理素质，或者让学生走出校园，去亲身体验管理的特点和方法，从而汲取最佳的管理“营养”。

4. 开展科学的研究与开发

高校学生管理是一项教育工作，具有教育科学规律；也是一项具体的管理工作，具有管理科学规律。因此，高校学生管理是高等教育学和管理学交叉产生的一门综合性应用学科。它同所有的管理科学一样，研究的主题是效率，即大学生管理的效率——最有效地达到大学生的培养目标。

随着社会的不断发展，高校学生管理者所面临的问题也日益多样化、复杂化。他们在日常工作中会遇到各种新情况、新问题。因此，高校学生管理者的又一个重要职责，就是不断地注意研究、思考、探索自己工作对象的思想动态、心理问题和喜怒哀乐，探索新形势下学生思想教育和管理工作的规律、特点以及解决问题的方法。

此外，高校学生管理者还应当讲究育人的艺术，注意开发各类学生的兴趣、爱好，根据学生的特长和需要，开展形式多样、丰富多彩的校园文化活动和社会实践活动，营造良好的育人环境，促进学生全面、健康成长。

第二节　高校学生管理的本质与特点

一、高校学生管理的本质

高校学生管理属于高等学校管理的一部分，所以具有管理的一般本质，又是高等学校人才培养工作的重要环节，有其特殊的本质。

（一）高校学生管理的社会组织具有特定性

实际上，社会组织中协调组织成员的相互关系和个人活动具有必要性，这是管理活动的根源，所有的管理活动都要在一定的社会组织中进行。高等学校是特定的社会组织，是系统培养专门人才的组织，其首要任务就是教育和培养大学生，所以高校学生管理是高等学校的特殊管理活动，其目的在于实现高等学校的任务。

（二）高校学生管理的目的与高等学校的任务一致

管理活动一定有其目的，实现一定社会组织的某种预定目标就是管理的目的。管理是实现目标的必要途径，世界上既不存在无目标的管理，也不可能实现无管理的目标。高校学生管理是高等学校人才培养工作的环节之一，其目标与学校在人才培养方面的预定目标相统一，就是要培养人才，使大学生全面发展，富有创新精神和实践能力，能够更好地建设中国特色社会主义事业。

（三）高校学生管理的本质是合理配置学校的各种资源

高校学生管理的任务主要是科学决策、计划、组织和控制学校的各种资源，有效地利用人力、物力、财力、时间和信息指导与服务大学生，使其能够顺利完成学业、健康成长成才，具体包括三个方面：一是引导大学生行为和大学生群体；二是资助家庭经济困难学生；三是提供就业服务帮助、毕业生就业等。

高校学生管理的内涵是高等学校以实现人才培养、大学生全面发展为目标，通过决策、计划、组织和控制等方式，有效地利用人、财、物、时间、信息等资源，指导和服务大学生成长成才的一系列社会活动过程。

二、高校学生管理的特点

（一）价值导向较为鲜明

我国是人民民主专政的社会主义国家，我国高等学校的目的是培养为社会主义建设服务的专门人才。所以，我国高校学生管理一定要坚持价值导向的引导，也就是要求学生坚持社会主义思想。高校学生管理的价值导向具体体现在以下三个方面。

1. 目标管理

人类实践活动的基本特征之一就是目的性。人的实践活动基于一定的需要对实践对象的属性及变化趋势有着一定的认识和判断，这就是目标管理目的，体现着其价值观念。同理，高校学生管理也有目的性。价值观念和价值追求贯穿高校学生管理的整个过程，都是基于一定的价值观念确定和设计的，都贯穿和体现着一定的价值观念和价值追求。所以，高校学生管理的价值导向既引导、激励和评价着大学生的日常行为，同时引导、激励和评价着管理者的管理行为，还引导和促进大学生形成正确积极的价值观。

2. 理念管理

高校学生管理理念是社会价值体系的体现，指导着高等学校学生管理的思想、原则、方法。高校学生管理中往往贯彻和体现了社会先进的价值观。

3. 制度管理

有效的高校学生管理拥有科学而又严密的规章制度，规章制度的设计和执行标志着高校学生管理规范化、制度化和法治化，也是高校学生管理规范化、制度化和法治化的基本保证。而管理规章制度是人们制定的，制定的人受一定的价值观念影响，制定出的制度也就具有一定的价值导向，具体表现是，大学生需要做的事情与不能做的事情哪些行为受到鼓励和提倡，哪些行为被反对和禁止，怎样的行为和表现会被奖励，怎样的行为和表现会被惩罚等。高校学生管理制度中的这些规定无不体现着鲜明的价值导向。

（二）教育功能较为突出

由于高等学校人才培养工作的重要部分就是高校学生管理，所以高校学生管理具有管理和教育双重属性，且更偏重教育功能。

1. 高校学生管理目标服务于大学生教育目标

高校学生管理作为高校为达成目标而实施的特殊管理活动，其目标必然与高校的目标相一致，且服从和服务于高校的目标。高校的目标就是实现大学生教育目标，促进学生圆满完成大学学业，也就是说，大学生跨进大学之门的目的就是接受大学教育。所以高校学生管理的目标必须为大学生教育的目标服务。

2. 教育方法在高校学生管理方法体系中具有突出的作用

教育方法是包括高校学生管理在内的现代管理活动中最经常、最广泛使用的一种基本手段。这是因为，一切管理活动都离不开人，而人是有思想的，人的活动总是由一定的思想意识支配的。任何管理活动都要坚持思想领先的原则，注意做好人的思想工作，通过影响人的思想去引导和制约人们的活动。而高校学生管理作为大学生教育和培养工作系统中的一个重要组成部分，也就必然要更加注重运用教育的手段，以增强高校学生管理的实效性。

3. 高校学生管理过程就是教育大学生的过程

高等学校的工作核心就是教育和培养专门人才，所以一切工作都要围绕教育学生来展开，都应当对大学生有良好的教育和影响作用。而高校学生管理的理念是以人为本、民主法制、公正和谐，采用的管理方法是民主管理、依法管理、科学管理，其内在遵循教育规律和管理规律，遵循从学校和学生的实际出发，实事求是的科学精神和哲学规律，这一切都潜移默化地影响着学生。例如：高校学生管理过程为促进大学生成长成才制定了各项规章制度，这些制度会引导大学生思想，激励大学生前进，规范大学生行为。另外，高校学生管理人员的情感、态度和言行也会影响大学生，是大学生的表率和示范。由此可见，高校学生管理的过程就是大学生教育的过程，直接关系大学生思想品德的形成与发展。

（三）系统工程较为复杂

管理活动具有整体性、层次性、动态性和开放性，作为系统工程的高校学生管理一样具有这些特点，同时，高校学生管理又是特殊复杂的，所以高校学生管理是很复杂的系统工程。高校学生管理的复杂性体现在以下三个方面。

1. 任务的复杂

高校学生管理一方面要以大学生学习为中心任务，管理和引导学生的学习行为和实践活动，另一方面要关注大学生的健康成长，管理和引导学生的日常行为，包括交往行为、消费行为、网络行为等，还要做到及时发现、校正和妥善处理学生的异常行为；一方面要管理和引导大学生现实群体，包括学生班级、学生党团组织、学生社团和学生生活园区，另一方面不能放松以网络为平台形成的虚拟群体的管理和引导；一方面要加强校园内的安全管理和引导，另一方面指导和督促大学生在校外的安全；一方面为调动学生的学习积极性，要面向全体学生做好奖学金评定工作，另一方面要资助好家庭经济困难学生，帮助其顺利完成学业；一方面要引导新生制定科学的职业生涯规划，帮助其明确努力的目标，另一方面要为毕业生提供就业、创业指导和服务，使其找到合适的岗位，能够充分实现自我价值。所以，由此可以看出，在大学生专业学习和日常生活的每个环节，都有高校学生管理的任务，也就是高校学生管理贯穿于大学生培养工作的全过程，任务繁多、复杂、艰巨。

2. 高校学生个体特征的复杂

高校学生管理的对象是大学生，而大学生人数众多，又个性鲜明，具有很大的差异性，管理起来具有复杂性。他们有各自的生活条件和生活经历，所以即使是同一个年级、同一个专业、同一个班级，也会有着不同的精神世界和思想感情，包括气质、性格、兴趣、爱好和习惯等，使得学生的思想行为也有着不同的特点，管理运用的方式也应因人而异。

3. 高校学生成长环境因素的复杂

促进大学生健康成长是高校学生管理的根本目的，可是影响大学生成长的却不只有高校管理一项因素，所有与大学生的学习、生活、活动和交往有关的环境因素，都会影响大学生的成长。所以，大学生的成长还受复杂的外部环境因素影响。

在进行高校学生管理时，管理者要善于正确地指导大学生的学习和生活，正确认识和有效调控各种环境因素，使其尽可能对大学生产生积极影响，对其消极影响做好防止、抵御和转化。当然，这项工作十分复杂。

（四）管理的专业性极强

高校学生管理传统上是经验性的事务型工作，而高校学生管理对象和内在规律的特殊性及其特有的方法体系逐渐被认识，决定了必须形成高校学生管理专业视角、使用专业方法、形成专业研究模式。现在的高校学生管理工作专业性极强主要在于以下三点。

1. 高校学生管理的内在规律特殊

高校学生管理自身具有特殊的矛盾，就是以社会对专门人才的需要为参照标准，对大学生的行为要求与大学生实际行为情况之间有矛盾。这一矛盾存在于一切学生管理活动中，存在于一切学生管理过程中，是高校学生管理全局的决定因素。这一矛盾既是高校学生管理的基本矛盾，又是高校学生管理的特殊矛盾，使之与其他社会实践活动有所区别。为解决这一矛盾而开展的特殊社会实践活动就是高校学生管理。高校管理具有管理和教育的双重属性，所以，高校学生管理既要遵循管理的一般规律，还要不同于其他管理活动；既要遵循教育的一般规律，也要区别于其他教育活动。这就需要专门探索和研究高校学生管理的特殊规律，揭示这种规律也是高校学生管理理论研究的任务。

2. 高校学生管理的管理对象特殊

大学生是高校学生管理的对象，有些显著特点与一般管理对象不同。

（1）大学生自觉能动性强

大学生的特点是自主意识强、独立意向突出、智力发展水平高，且多崇尚独立思考，希望自主自治。在高校学生管理过程中，大学生具有管理对象和积极活动主体的双重身份。对于管理的要求和规章，对于管理者施加的指导和督促，他们总要经过自己的思考，作出自己的评价、选择和反应，而且，他们会主动地参与管理活动并自觉地接受管理，甚至达到自我管理。所以，在高校学生管理中，激发和引导大学生的自觉能动性是一项很重要的工作，要充分将他们引导到高校学生管理的目标上来，使他们的需求和高校学生管理的要求相一致，使其能够主动接受管理，并且积极进行自我管理。

（2）大学生处于成长和发展的关键时期

大学生既不同于少年儿童、又区别于成人，正处于世界观、人生观和价值观形成的时期，在思考、探索和选择过程中，逐渐形成正确的世界观、人生观以及价值观，即心理日趋成熟但没有完全成熟，智力发展迅速，情感丰富，有很强的自我意识，同时心理矛盾较大，例如理智与情绪的矛盾、自我期望与自身能力的矛盾等。他们的思想活动具有显著的独立性、敏感性、多变性、差异性和矛盾性。大学生处于即将走上社会、进入职场、全面参与社会劳动实践的关键时期，有着巨大的发展潜力，各个方面蕴藏着极大的可能。所以，高校学生管理要针对大学生的特点，切实增加大学生指导和服务的力度和科学性，促进大学生健康成长、身心良好发展。

（3）大学生的主要任务是学习，并能够在教师的指导下进行自主学习

学习是大学生的首要任务，大学生的学习是在教师指导下、遵守特定的制度和规定，有目的、有计划、有组织地进行的。大学生学习有很强的自主性，可以在学校的有关规定下自主地选修课程，也有大量自主支配的课外学习时间。也就是说，对于大学生的学习来说，科学的学习方法很重要，高度的学习自觉性和有效的自我管理也同样重要。所以，高校学生管理要以大学生的学习任务为中心，对大学生的学习行为加强指导和管理。

3. 高校学生管理有独特的方法体系

高校学生管理对象和管理规律的特殊性，决定了高校学生管理的方法体系也是特有的。高校学生管理工作涉及面广，综合性强，所以需要管理学、教育学、心理学、社会学等多方面的理论方法和技术作为其方法体系的基础。但高校学生管理的方法体系又不是这些学科方法和技术的简单拼凑和机械相加，而是需要在系统掌握这些学科理论、方法和技术的基础上，针对高校学生管理的特定对象，根据高校学生管理的特殊规律和实际，有机地、综合地加以运用，形成自己特有的方法体系。

第三节　高校学生管理的原则与技巧

一、高校学生管理的原则

（一）自主性原则

大学生只有自主参与并配合管理，管理者的管理工作才能够顺利完成，所谓的坚持自主性选择实质上是指让大学生切切实实地参与管理，不断激发学生的主观能动性并且培养学生的创新能力，最终实现自主管理。大学生管理遵循自主性原则，是由两方面决定的。一方面有利于育人目标的实现。管理的目标是育人，这就要求将外在的行为规范转化为内在的思想观念，从而支配管理对象的行为。学生如果不能参与其中，就很难充分发挥主观能动性，学生管理工作就很难继续开展，实效性会降低。另一方面有利于满足学生自主管理的现实需求。改革开放以来，我国经济飞速发展，人们的生活水平不断提高，社会主义制度日益完善，教育改革和教育管理已经成为当今热议的话题。现代化社会伴随着各类信息的高效传达，绝大多数高校在读大学生已经受到了传统市场经济的影响，在日常的学习生活中，自主管理意识不断增强，个人管理能力不断提升。

对于高校而言，坚持自主性原则可以从以下方面着手。

1. 为学生创造全新的管理平台

此管理平台可以由班长、学习委员、团支书、辅导员共同携手打造，为学生营造良好的管理氛围，这样不仅可以大幅增强班级凝聚力，还可以充分调动学生管理的积极性。这种全新的管理模式可以使学生切实地参与其中，进而达到预期的管理效果，让学生能够真正实现自我约束与管理。

2. 树立学生的管理意识，增强学生的管理能力

高校只有为学生不断地营造良好的学习与生活氛围，学生才能够更

快适应并遵守学校的规章制度，进而强化自我管理能力。

3．学校应当重视对学生自主管理的教育工作

所谓的学生自主管理，并不是完全摆脱学校规章制度的束缚，而是学校更加重视对自主管理的教育，使学生自主管理达到最佳的效果。

（二）方向性原则

高校学生管理坚持方向性原则，是涉及培养什么人、如何培养人的根本性问题。高校学生管理是高校办学的重要方面，是学校育人环节的重要环节，社会主义大学的主要目标是培养合格的社会主义事业建设者和可靠接班人，高校学生管理工作直接影响这一目标的实现。

在大学生管理过程中，坚持方向性原则显得至关重要。此原则不仅能为高校指明教学方向，还能够起到很好的调节高校运行的作用。坚持方向性原则，就是要求高校在确立管理目标时一定要遵循教育教学方针以及法律法规。此原则也是高校管理过程中的一项基本原则，高校只有始终坚持此原则才能够向更好的方向发展，才能够在学生管理方面取得显著成效。坚持方向性原则不仅是社会发展的需要，更是多年实践所得出的结论。

1．加强管理者的政治意识

在管理高校学生的过程中，始终将确立学生管理的政治方向作为首要任务，管理学生的过程实质上就是服务社会、服务阶级的过程，因此坚持方向性原则很有必要。在不同时代背景以及社会发展情况不同的高校，学生管理所采取的方式方法、教育教学理念均存在较大差异。从整体上分析，目前在高校学生管理过程中，高校对学生的政治方向以及情感价值取向并不是非常重视，这样的管理就严重缺乏方向性。因此，增强管理者的政治意识对高校坚持方向性原则而言十分重要，只有管理者具备优秀的政治意识，才能够将其渗透进教学当中，进而使得管理更具有方向性。将政治意识带入教学活动、校园生活中，能够不断培养大学生的政治意识，最终帮助大学生投身于国家建设之中。

2. 以制度合法性体现管理的政治导向性

坚持中国共产党的领导，贯彻落实共产党的方针路线，是坚持方向性原则需要迈出的第一步，也是坚持方向性原则的前提与基础。各大高校所制定的各项制度均遵循党的方针政策，因此高校制度本身就具有一定的导向作用。高校制定学生管理制度，必须在法律法规允许的范围内进行，与法律法规保持高度一致。以制度的合法性体现管理的政治导向性在高校学生管理方面显得至关重要，坚持方向性原则要运用到实践中，逐步引导学生形成符合社会发展的政治意识。

3. 按时代需求调整管理目标

培养学生的政治意识以及价值取向并不是高校管理的全部目标，高校还需要按照社会发展的需要及时对管理目标作出一定的调整，最终培养出为人民、国家服务的人才。在不同时代背景下，国家所面临的形势存在较大的差异，不断调整教育管理目标十分关键。目前，发展是社会的主旋律，坚持以经济建设为中心的发展理念始终不变，高校在调整高校管理目标时要以国家当前形势为主线。

（三）发展性原则

坚持性原则主要涉及两方面的内容：其一，促进学生全方位、多角度发展；其二，管理工作不能停歇，要不断更新与发展。社会正在飞速发展，政治经济以及社会文化都在发生着翻天覆地的改变，外界环境的变化对高校管理影响重大，高校的管理制度要想紧跟时代步伐并且适应社会的发展，就必须深化改革，完善与调整管理制度。

1. 树立发展意识

思想决定发展方向，树立并具备一定的发展意识有助于形成优秀的管理模式。在传统的管理模式中，管理者不能与学生建立友好的管理关系，总是想掌控学生，将管住学生作为管理的首要任务。但是从管理效果来看，传统的管理模式会让学生更容易产生消极情绪并且对学生的发展而言，几乎没有促进作用。随着社会的不断进步，管理模式的改革与创新显得尤为重要，这就要求我们坚持发展性原则并且将促进学生全面发展作为管理的第一要务。发展观念的转变必须结合社会的发展，满足社会的需求，以新的发展观念指导管理决策，设计管理计划，谋划学生的全面发展。

2. 推动管理创新

推动管理创新是指通过管理促进学生全面发展，进而实现最佳的管理效果。发展的过程实质上就是不断创新的过程，推动管理创新，才能够紧跟时代步伐。创新是当今社会的主旋律，学生管理制度的不断创新，无论对管理者还是学生而言，都将是一场全新的挑战，可以不断提升学生的能力，促进学生全方位发展。当今社会正在飞速发展，政治、经济以及文化都在发生着日新月异的变化，为了使大学生能够不被社会淘汰并且能够适应社会发展，保持原有的管理制度远远不够，而推动管理创新在当今社会就显得格外重要。只有推动管理不断创新与完善，才能够承担起时代所赋予的责任。

3. 促进学生发展

管理与服务学生始终作为高校管理的重要工作，在日常生活中，管理学生实际上远远要多于服务学生。在管理学生的过程中，应当供给学生更多的帮助、就业扶持、心理疏导等，只有这样才能够使学生更好地服从管理以及不断向前发展，无论创新能力还是主观能动性都能够得到进一步提升。统筹教育资源，学校的各个部门相互配合、紧密联系，给予更多学生生活上的帮助以及就业方面的帮助，更有助于促进学生的全面发展。

二、高校学生管理的技巧

高校学生管理技巧，是指在管理活动中为实现管理目标、保证管理活动顺利进行所采取的工作方式。管理方法是管理过程中不可缺少的运作工具，它来自管理实践，而又与管理理论的形成有着密切的关系。

管理技巧是在管理原理以及理论不断延伸的基础上不断延伸具体化出来的，是管理原理在整体指导活动过程中的纽带与连接线，管理理论想要在实践活动中发挥实际作用，就需要依托于管理技巧的实施。管理技巧在管理理论与原理中所起到的作用与影响是不可替代的。在管理实践发展的过程中，管理技巧不断地吸收和运用各种科技理论，已经逐渐形成一个相对独立、自成体系的研究领域。

伴随着管理方法的逐渐完善，高校的学生管理技巧也在不断更新发展，目前已经形成比较全面完整的体系。

（一）运用教育方法

教育是指按照一定的目的、要求对受教育者从德、智、体诸方面施加影响的一种有计划的活动。高校学生管理中的教育方法主要是指通过深入细致的思想政治教育，激发大学生的积极性和主动性，引导大学生的思想和行为，以实现高校学生管理职能的管理方法。教育是管理的基本方法之一，管理的中心是人，而人的行为总是受一定的思想支配和制约的，因此，在管理中就要注意做好人的思想工作，通过影响人们的思想去影响人们的行为，从而促进组织目标的实现。而高校学生管理作为大学生教育和培养工作中的一个重要组成部分，更要注重运用教育的手段，以增强高校学生管理的教育性。教育方法具有以下方面的特性：①启发性强。教育方法重在通过通情达理的说服，启发大学生认同学校教育与管理的目标，并把个人的目标与学校教育与管理的目标紧密结合起来，从而使大学生能够自觉地遵循大学生行为规范，积极主动地为实现学校的教育与管理目标而努力。②对教育对象有极强的示范性。高校学生管理的目的在于促进大学生的全面发展，使其个性得到张扬和完善。在这个过程中，高校学生管理工作者的言传身教、人格魅力对大学生起着重要的示范作用。③教育手段具有潜在性。大学生思想教育是一个春风化雨、润物细无声的过程，是一个全身心投入、彼此产生共鸣的过程，因而具有潜在性的特点。④对教育对象的影响具有长效性。运用教育方法，可以帮助和引导大学生树立正确的世界观、人生观和价值观，从而对他们的行为起到持久的引导、激励和规范作用。

（二）运用法律方法

高校学生管理需要运用法律方法来实施，其法律方法主要是指制定学校规章制度以及规范时要依托法律规范性质，通过法律规范来调节高校的学生管理制度以及各种体系之间的关系，从而达到规范学生活动的效果。高校学生管理之中涉及的法律相对比较多，例如，国家所颁布的关于学生管理的有关法律法规制度等，各地方政府根据各地具体情况所提出的各种条例规章等，都是关于高校学生管理且有相应法律效力的文件。法律实施方法不仅仅是单纯的法律法规，同时还包含着各地的仲裁以及司法等工作。管理方面的法律方法主要有以下特性。

1. 严肃性

想要制定相应的法律法规，就需要严肃地以法律法规的既定程序为依据。法律法规具有严肃性，不会因为个人行为而有所改变。司法工作同样具有严格性，必须通过严格的执法工作来维护法律的尊严。

2. 规范性

法律和法规具有很强的规范性，约束所有组织以及个体的整体行为。法律和法规的制定解释只有一种，其含义阐释非常严格，用语严谨。而且两者之间不能有相应的冲突存在，法律高于法规，宪法高于法律。

（三）运用经济方法

经济方法主要是通过各种经济实施方式来调节各种经济利益关系体，从而取得更高的经济以及社会方面效益的管理方法。在高校学生管理之中，奖学金以及罚款等是学校管理的主要经济方法。奖学金的设置主要是激励学生，一般是由政府、社会或者学校自身组织的物质方面的奖励活动。这种经济手段主要是刺激在校学生完成目标，通过一系列的对比评选以及后期奖励，激发学生的个人潜力以及调动其自身积极性，同时还可以通过对优秀学生的奖励以及肯定等，更好地激励其他在校学生，以达到学校学生全面进步的目的。当然设立奖学金时要有规范性，能表达学校管理对广大学生的厚望与激励，这也是引导高校学生更集中精力向目标努力的方式之一。

罚款属于经济手段中的经济惩罚，主要是针对违反学校各项管理制度的高校学生，旨在减少其造成的危害。高校可以通过罚款来约束在校学生的行为，但是在制定罚款条例时也要有适当的理由，制定的金额也要切合实际，不可以单纯运用罚款的方式来替代思想政治教育，避免引起不公。奖励与惩罚最重要的一点就是严明，奖罚有原因，奖惩有制度。只有制定合理的奖学金制度与罚款制度才能真正达到管理效果。经济方法主要有以下特性。

1．利益性

经济方法是通过运用追求利益性的特性间接地影响被管理人员的方式，主要是运用利益体系来使被管理者主动地去寻求自身利益。

2．关联性

经济方法具有很强的关联性，因此其作用的范围比较广泛，不同的经济手段影响不同，作用效力也有差异。经济方法的影响甚广，一环扣一环，影响力也是非常长远的，后期效果不好预测。

3．灵活性

经济方法具有灵活性。不同的管理体系需要使用不一样的管理手段去实施。当然，在同样的管理对象或体系之中，也可以针对情况的变化采取不同的管理方式。

（四）运用行政方法

高校管理的技巧之一便是运用行政手段，也就是说需要组织权威的依托，通过命令以及规定或者条例规范等方法以强制性和遵守为前提条件，并按照相应的行政管理系统来指挥工作的管理方式。行政方法指的是运用行政体系里面的职位差异来管理的方法，其强调不同的职位有不同的职责与职权，但并不属于个人特权。行政方法实际上就是政治权威的行使与实施，主要有以下特性。

1. 权威性

行政方法所依托的基础是管理机构和管理者的权威。相对应地，管理者权威性越大，则收到指令效率越高。行政管理的首要条件便是增大各领导层的权威，这也是行政方法得以有效实施的保障。高校的管理人员想要有权威性，就需要增强自身的素质与品质，使自己变得更加卓越。

2. 强制性

针对的管理对象不同，行政权力机构作出的指令以及规定的强制性也有所差异。行政方法主要是通过运用强制力来加强对活动的控制。但是行政强制和法律强制还有很大的不同，法律的强制性主要规定人可以做以及不可以做的事项，通过各司法机构来强制执行。但是行政强制则主要让人的意志行为以及目标达到统一，体现在行动原则统一，具体的实施方式相对灵活。行政强制措施是保证行政强制性的重要方式。

3. 垂直性

行政方法具有垂直性，属于竖向垂直的管理手段，主要通过行政层次以及其系统来实施与管理。行政指令的下达均是纵向下达，自上而下传送，对于横向指令，接收者并不受其约束，只有上级领导指令对其有约束和指挥作用。所以，管理运用行政方法时，需要明确纵向垂直规则，不可以横向随意指挥传达。

第四节　高校学生管理的内容与制度

一、高校学生管理的内容

(一) 高校学生自我管理

1. 高校学生自我管理的特征

(1) 学生既是管理者又是被管理者，即管理与被管理两者的统一

学生自我管理同其他管理活动的根本区别在于，其他管理活动强调

的是对他人或他物的管理，而学生自我管理则是行为发出者作用于自身的活动过程。自己既是管理者，又是管理对象，这是自我管理最基本的特征。进行自我调节和控制，是学生自我管理的实质所在。

（2）自我管理是一个动态的螺旋式的循环过程

循环过程就是自我认识、自我评价、自我控制、自我完善四位一体。在学生自我管理中，从目标的建立到组织实施，再到调节控制，以致不断完善，都融于学生一体。学生在认识社会、他人和自己的基础上设计自己，在管理过程中评价、控制自己，最后实现目标，至此也就完成了学生自我管理的一个循环。这个循环不是简单重复，而是在社会、个人的动态环境中螺旋式的循环。

（3）高校学生的自我管理内容要与时俱进

大学生的自我管理在不同的时代具有不同的内容。此特征有两个方面的含义：一是生活在一定社会条件下的人，其思想水平、知识水平和心理素质就被打上时代的烙印，学生也是如此；二是学生自我管理的目标及其社会意义具有鲜明的社会、政治、经济和文化特征。今天，社会为自我管理提供了汲取营养的现实土壤，而作为高校学生，就应该热爱祖国，热爱人民，追求真理，锐意进取，艰苦奋斗，乐于贡献。

2. 高校学生自我管理应遵循的原则

综合来看，学生的个人努力和愿望并不能决定他们的自我管理，其需要与社会道德相一致，符合学校的培养目标，满足社会和学校的需求，既要受制于学生管理制度，也要受制于社会条件，并且要接受学校和社会的管理。学生自我管理有一定的特殊性，因为其既主观又客观。因此，其要遵循的原则包括以下方面。

（1）遵循自觉自愿的原则

学生自我管理是一种方式，其依靠的是学生自己，学生要自觉自愿地安排一切管理流程，如管理的目标、内容，实施过程和信息的反馈、分析和纠错等。学生管理部门要时刻关注和指导学生的自我管理，为了使学生的自我管理不偏离正确的轨道，可进行必要的约束。在进行集体自我管理时，要求每个学生都要发挥自身的长处，积极地参与到管理中来；在个体进行自我管理时，要充分展示自身的兴趣，施展自己的聪明才智。

（2）遵循认识评价的原则

学生要对自己在社会、学校和班级中的地位有明确的认知，这是实现自我管理的前提。学生的自我管理分为内在条件和外在条件，内在条件包括学生的社会阅历以及文化、心理、政治和身体上的素质；外在条件则包括国家的经济文化环境、政策、社会规范以及学校和班级的功能、结构、目标和状况。要想真正切实地实现自我管理，就必须对自身有客观的评价，并且正确地看待社会。

（3）遵循严密性与松散性相结合的原则

集体自我管理的严密性指宗旨明确、计划科学合理、组织稳定并且骨干力量的水平较高，而个体自我管理的严密性指有良好的心理状态、严谨的计划和明确的目标。松散性是指在严密性的前提下，选择学生自我管理的参与者、地点、时间和活动内容等。此处要用辩证统一的观点来看待“松”和“严”，要实现教育目标，维护集体利益，就必须有稳定的组织、明确的目标、优秀的管理者和完善的制度。集体意识是学生在自我管理的过程中不断加强的，因此，应做好每一项集体工作，对集体的决定做到自觉维护和服从，这样学生的自我管理才能始终在正确的轨道上前进。此外，高校学生群体内部有着非常复杂的结构，可以在不损害集体利益的基础上维护学生的个性发展，使学生和学生相互尊重，共同学习，从而促进共同进步。

3. 高校学生自我管理的意义

（1）提高学生的辨别能力，促进学生的健康成长

从心理层面看，青年学生正处于关键的自我发现和转折时期，他们的参与意识无比强烈，渴望外界尊重自己，这种心理愿望正好让学生自我管理得以实现，可以让他们的心理发展更加健全。学生拥有健康的心理可以促进学校的稳定。不过学生的世界观和人生观并没有完全形成，他们身处的环境又非常复杂，这就让错误思想有了可乘之机。要想不被错误思想影响，家庭、学校和社会的引导必不可少，但学生也要提升自

身的修养，在自我管理过程中不断加强明辨是非的能力，让自己的成长过程更加健康和愉快。

(2) 有利于增强学生的自我控制能力和适应社会的能力

一方面，教育没有衔接实践是我国当下存在的问题，导致学生缺乏创造力和动手能力；另一方面，社会才是学生的归宿，社会要求学生具备更高的专业技能、更强的适应能力和更广泛的知识范围。因此，学生要在学生时代就进行有效的自我管理，抓住一切机会，认真学习专业技能和知识，不断满足社会需要，自我完善，让自我的控制能力、评价能力和认识能力都得到提升，为走向社会做好准备，尽快适应复杂的社会环境，为社会贡献自己的一份力量。

4. 高校学生自我管理的内容

历史和时代共同决定了高校学生自我管理的相关内容。总体而言，自我管理分为三个方面，即业务素质、思想素质以及身心素质，三者属于一个辩证统一的整体，既相互联系和渗透，又存在区别。

5. 高校学生自我管理的方法

学生自我管理是在家庭、社会和学校管理教育的灌输、诱导、组织、指导下，进行自我规划、自我调节、自我教育和自我完善的。由于人和社会环境的复杂性，学生实现自我管理的途径、方法是多种多样、纵横交织和不断发展变化的。

(1) 学校要加强民主建设

只有在真正意义上将学生和教师作为学校的主体，才能体现出学校民主建设的实质。学校应鼓励师生积极参与民主管理，加强民主建设，让师生不仅做自己的主人，也做学校和社会的主人，从而保持高度的主动和自觉，学校也会因此有更强的凝聚力，拥有优良的校风和学风。若学校只是单纯地将学生看作管理对象，忽视学生的心理需求，一切管理都是命令式的，只会让学生的自尊心受伤，打击他们的积极性，使学生的不满情绪高涨。通过实践能够看出，行政管理的力量并不能完全促成优良的校风和学风，还需要依赖群体的群体规范和舆论这样一种无形的力量。因此，民主建设是学校培养人才的前提和保证，制度管理是加强高等学校民主建设、创造良好校园环境的保障。

我国高等学校的管理制度近年来逐步完善。这些制度明确了学生的道德和行为准则，为学校的日常教育、管理工作提出了一套章法。广大学生在思想教育和制度的约束中，不断调节自己的思想、行为，逐步把外压力变成内驱力，自觉遵守，自觉维护。

平等和公开是民主管理必不可少的因素。平等指管理者要真诚、平等地对待教师和学生，公开指要让管理工作更加透明。学校只有平等、公开地开展管理工作，才能增强学生的平等和主体意识。

学校在管理过程中应尽最大努力让学生参与到议政和管理中来，拓宽管理渠道，让学生尽自己最大的能力来管理。学生会在管理中增强主人翁意识，提高自己的归属感，而集体智慧也会提高决策的正确性。而且学生参与到管理中来也可以提高他们的能力，充分发挥他们的积极性，加强学生和管理部门之间的相互联系。

在实现民主管理的同时也要注重培养人的素质。管理的重点在于人，而学校民主管理的核心就在于提高人的全面素质。学校不仅要发挥教师、管理者和党团组织的作用，还要强化思想政治教育，引导学生为教育改革贡献力量，鼓励学生自强不息，让学生发现民主与集中的关系，提高民主观念。学生在精神上有了支撑，才会为学校的民主管理提供良好的前提条件。

（2）搞好学生组织建设

学校的团组织、学生会、班委会以及各个班级和系部都是学生组织。学校可以依赖这些组织保证学生管理工作的顺利进行，而学生的自我服务、管理和教育也可以通过这些组织实现。

学生干部是强化学生组织建设的关键。学生是学生干部的来源，他们在接受管理和教育的同时也可以帮助学校进行管理。优秀的学生干部能够促成优秀集体的建设，在学生的管理工作中必须做好学生干部的选拔和任用。

改进管理方法也是强化学生组织建设的关键。在实现目标、达到目的的过程中必须使用相应的方法，好的方法可以帮助组织事半功倍地达到管理目标。由此可见，好的方法能够保证高的效率。这点也适用于学生组织的自我管理，通常情况下，正面激励法、榜样示范法、制度管理法、民主管理法等都可以用于学生组织的自我管理。

（3）加强社会实践活动

在教学实践中，加强自我管理是实现社会实践活动的前提。高校学生的根本任务是学习并通过学习提高自己的智力和能力，而教学过程中的实践活动正是学校为了使学生把所学到的知识运用于实践所安排的。一个合格的学生，必须掌握自己所学的基本技能、理论和知识，在学生的自我管理中，最重要的就是要在教学中加强实践，任何一个学生都要从自己的专业和实践需求出发，积极地参与到各种实践活动中，不断地考察和试验，加强自己的学习思考能力，让自己掌握更多的知识，并且能够在实践中灵活运用。

校内外的各种实践活动也是实现自我管理的途径。在教学环节之外可以充分发挥校内外实践活动的用武之地，让学生施展自己的长处，发现自己的爱好。在校内外实践活动中实现自我管理要注意四个方面：其一是参加学校组织的各项活动时要从自身的兴趣和特长出发，增强自己的责任感，做到独立自主，全面提高自身素质。其二是要优化管理措施，完善管理制度，做到管理严谨，避免松散现象的出现。其三是要合理安排假期，可以在假期中参与社会服务活动，充分了解社会，让自己的信念更加坚定。其四是积极地参与学校组织的各项活动，不断提高自己的社交能力，并且让自己的集体、竞争和参与意识都在活动过程中得到锻炼。

（二）高校学生学习学籍管理

大学生学习管理是高校的日常工作和中心工作之一。作为高校教学管理的重要组成部分，大学生学习管理是高校通过建立健全一定的规章制度，运用一定的手段和方法，按照既定的工作目标，对大学生在大学期间的学习过程、学习活动、学习规律等，加以组织、控制与激励的一种有序的活动。大学生学习管理水平的高低，是检验和衡量一所高校教学质量高低及办学效益好坏的重要标志之一，各高校都十分重视对大学生学习的科学管理。

大学生学籍管理就是指对取得学习资格的学生，从入学注册、成绩考核与记载、升留降或者重修、转学、休学、复学、退学、奖励与处分、毕业与毕业资格审查等方面，按照国家教育方针，按照教育规律，按照社会发展不同阶段的实际，遵循青年学生身心发展特点，制定出规章制度，实施管理。大学生学习学籍管理，有助于提高学生学习的主动性、积极性和创造性。

（三）高校学生生活行为管理

对生活的管理体现了党和政府对学生的关怀，有利于学生保持身心健康，建立正常的学习和生活秩序，使大学生能够德智体美全面发展，促进学校达成目标，意义深远。对大学生的生活管理应当包含大学生的一切活动，包括卫生健康以及饮食起居等，有利于提高学生生活的质量，使其保持良好的习惯。行为管理的主要方式是监督检查大学生日常行为，发现问题能够及时解决，使大学生身心健康，走上正路。

（四）高校学生体育卫生管理

高校学生体育管理，是指在大学生的生活当中，对学生的体育活动进行计划性的调控，给学生制定锻炼的目标，有计划和组织地对大学生进行体育锻炼，让大学生能够拥有健康的身体，促进学生身心共同发展，制定的基础学校的教育制度和学生的整体状况，采取少投入多收获的方式，对金钱、时间信息和财务等投入尽可能少，获得高效益。

高校学生的卫生管理包含很多方面，其中有大学生作息制度的卫生，心理健康的卫生，教学设备和学校的环境卫生，课外活动、住宿供水的卫生等。

（五）高校学生课外活动管理

大学生课外活动的管理工作，包含校内和校外两方面的管理。在高校管理的过程当中，想要管理大学生课外活动，就一定要控制导向，使其能够达到以下目的：第一，让大学生能够培养出自己的兴趣爱好，能够发挥自己的特长，将人才定点培养；第二，让大学生能够提高自我的思想政治觉悟，让学生建立自己的科学的世界观以及思想道德相关品质；第三，对教师在课堂上所讲的知识加以巩固和发展，使知识能够转化为学生的能力；第四，让学生拥有人际交往的机会，更好地适应社会，使大学生的生活更加丰富。

（六）高校学生社团活动管理

1. 高校学生社团活动的作用

在当代中国的高等学府里，近年来，学生社团组织如雨后春笋般发展起来，无论就其数量，还是就其活动范围和参加人数而言，都远远超过以往任何历史时期。目前，社团活动已经成为大学生课外活动的重要组成部分。

综观目前高校学生社团组织，按其活动性质可以划分为兴趣型社团（根据兴趣爱好自愿结成的团体，如桥牌协会、文学社、书法社等）、学术型社团（以专业学习、研究和交流为目的组成的团体，如经济管理协会、科学技术协会等）、服务型社团（以科技、文化服务和劳务服务为主要内容的团体，如各种科技、文化中心）三大类。此外，还有在学校组织或直接指导下开展活动的文化型社团（如文艺社团、乐团等）和新闻型社团（如学生通讯社、记者站等）。

高校学生社团活动是让学生学会自我组织与自我管理的重要途径。高校中的各种社团，不论类型、不论大小，都可以增强在校学生的自我管理能力与教育能力。社团组织活动主要是通过整体活动将一群爱好相同的人群聚集在一起，让他们自己去开阔视野，丰富活动内容，增加生活趣味，同时增强团队合作精神，进而为后期进入社会打下基础。不同性质的社团中有同等爱好的同学，这样可以涉及整个学校各爱好个体，帮助高校学生根据自身特长发展进步。

当然，各种类型的社团活动的出现也有其他作用，例如，学术类型的社团活动可以增加高校学生的积极性以及自主意识，对提高学生的探索精神也有很大影响；以艺术爱好为主的社团活动可以直接丰富高校学生的课下生活，增强在校学生的修养与情操；另一类的文化以及新闻类型的社团则是需要比较高的专业水平，可以增强高校学生的专业知识体系；当然还有服务类型的活动，此类社团活动主要是让高校学生了解国情、了解社会，增强其劳动服务观念，使学生有更加深刻的责任与使命感。

2. 高校学生社团的组建程序

（1）学生社团的申请条件

学生社团不同于社会团体。学生社团是本校学生自愿组织的群众性团体。兴趣、爱好相近的学生，在自愿的基础上，可以向学校申请成立社团，但在申请成立社团时，须具备以下基本条件：

第一，有社团章程。社团章程必须明确规定本社团的宗旨和活动目的。任何学生社团，均不得反对四项基本原则，不得从事有碍学生身心健康的活动。社团章程必须经过本社团成员讨论通过。

第二，社团活动透明化。要明确社团活动的内容、开展活动的方式和时间，以及接纳社团成员的办法等。社团活动的内容应与社团宗旨和活动目的相符合，应以丰富和补充课堂知识、活跃课外生活为主。社团开展活动一般应在课余时间进行，以不影响社团成员的正常学习为基本原则。接收和调整社团成员应有规定和程序，禁止个人独断。

第三，有相应的组织领导机构。学生社团的组织机构、领导机构，一般应以便于组织和开展活动为设置的原则，不宜设置烦琐和庞大的机构，要实行民主集中制的组织原则。在社团筹备过程中，必须指定临时负责人，一经批准成立，应民主选举或协商产生正式负责人。社团负责人，必须具备以下基本条件：政治思想好，努力学习，熟悉本社团业务，热心社会工作，有一定的组织领导能力。专业性较强的学习社团，还应聘请指导教师进行政治和业务指导。

第四，活动经费有可靠来源和相应的管理办法。学生社团可以在社团成员同意和可能承担的前提下，规定社团成员一次或定期缴纳少量会费，也可以采取正当方式筹集部分经费。但无论以何种方式取得的经费，必须有专门办法、专门机构或专人进行管理，并定期在社团内部公布收支情况。

(2) 学生社团的组建

第一，学生社团成立的程序。在学生社团筹建过程中，如果同时具备上述四个基本条件，则可以正式申请成立。申请成立学生社团的程序比较简单，但必须有正式书面申请。

正式书面申请应包括以下内容：申请成立社团的原因和理由；拟成立社团的名称；社团的章程和宗旨；社团规模和现有成员数，活动内容及活动方式；社团筹备负责人基本情况；社团活动经费来源及管理办法；等等。

正式书面申请须先经集体讨论通过，然后由社团筹备负责人送交学校有关部门，并由社团筹备负责人向学校有关部门作必要的说明。若学校暂未明确学生社团审批部门，可以将正式书面申请送达与本社团活动内容相近的学校有关部门。

第二，学生社团的审批。学校有关部门受理学生社团的申请、批准等事宜。学校有关部门在决定是否批准某个学生社团成立之前，应对正式书面申请的内容进行审查，并作必要的实际调查和了解。学校有关部门决定批准或不予批准某个学生社团成立，应有书面通知，并通知社团筹备负责人。对批准成立的社团，学校有关部门应规定该社团的主管部门，必要时可规定辅导教师。对未被批准的社团，学校有关部门要说明理由，做好解释工作。经学校有关部门批准后，学生社团可以正式成立，开展活动。未经批准的社团不得成立和开展活动。需要特别指出的是，跨学校、跨地区、面向社会的团体，不属于学校社团之列。学生申请成立这一类社会团体，应当按照我国公布的《社会团体登记管理条例》的规定办理，学校无权受理此类申请。

第三，学生社团的解散。学生社团的解散，包括自行解散和强制解散两种。

自行解散：由于学生流动快，学生社团成员变化较大，容易导致社团活动停止、社团组织自行解散的情况。学生社团自行解散，要向批准成立的部门报告，同时要妥善处理遗留经费和物资。凡属个人的，应当返还本人，其他剩余部分上缴学校。

强制解散：学生社团活动应当严格遵守有关法律和规定。社团活动发生违反宪法、法律和有关法规，并造成严重影响，或严重损害学生身心健康，或严重干扰学校秩序，或与本社团宗旨无关，经劝告仍不改正等情况时，学校有关部门可以责令该社团停止活动，并强制解散。对社团负责人和有关直接责任者，可以按有关规定作出相应的处理。

3. 高校学生社团活动的原则

(1) 社团活动必须服从领导

高校存在专门管理各社团组织的机构，其主要从政治方面领导学校各社团组织。各社团组织需要自觉地接受管理部门的领导，不存在不在管理范围之内的高校社团组织或者活动，社团活动必须服从主管部门领导。

(2) 学生社团活动要合法合规

高校学生的社团活动需要遵守学校的组织纪律与制度秩序，遵守校纪校规以及我国法律法规。当然社团活动也不能长时间不断地组织，需要在学生完成学业的基础上再开展社团组织活动。社团组织也要有教育意义，使得社团内成员遵守校规、遵纪守法。

(3) 社团活动要为社团宗旨服务

学生社团要认真按照确定的宗旨开展活动，不得从事与本社团宗旨无关的活动。

(4) 学生社团邀请任何人员参与活动都要经学校同意

学生社团邀请校外人员到学校进行社会政治活动和学术活动，均须经学校同意。学生社团邀请有关专家、学者和知名人士到学校进行有关内容的演讲、座谈和社会政治活动，对提高社团成员的水平，丰富社团活动内容，都有积极意义。但是，为了加强管理，学生社团组织或个人不得随意邀请校外人员来校从事有关活动。

学生社团组织或个人邀请校外人员（包括外籍人员）到校举办学术讲座、发表演说、做报告、进行座谈和讨论等活动，须经学校批准。组织者应当在72小时前向学校有关部门提出申请，说明活动的内容、报告人和活动负责人姓名，学校有关部门应当在拟举行活动的4小时前将许可或者不许可的决定通知组织者。讲座、报告等社会政治活动和学术活动，不得反对我国宪法确立的根本制度，不得宣传封建迷信，不得干扰学校的教学、科研和生活秩序。对于违反上述规定的活动组织者，要根据校纪，酌情予以处理，对于正在进行的这类活动，学校有关部门也应该责令立即停止进行。

学生社团创办面向校内的报刊，须经学校批准。学生社团可以根据需要和可能创办面向校内的报刊，但报刊内容应限定在本社团宗旨范围内。在正式创刊之前，要向学校有关部门提出申请，说明办刊宗旨、登载内容、出版周期、经费来源，以及编辑人员组成等有关情况。未经学校有关部门批准，不得印刷和散发、张贴自办报刊。

出版面向校内的报刊，要求学生社团高度负责，认真选择稿件，尽量减少或不出差错，特别是不应出现政治性的失误。为此，应当主动争取有关主管部门帮助把关。报刊应标明已经学校有关部门批准字样或标注批准号。报刊停止出版，应向原批准部门报告。学生在校的主要任务是学习，因此，不提倡学生创办面向校外的报刊，如果创办面向校外的报刊，必须按照有关规定报政府有关部门批准，并接受指导和管理。

综上所述，高校对学生的各方面管理方法还是十分丰富的，手法也是多样的，在高等学校的管理当中，对学生的管理是十分必要的，学校想要培养合格的人才，就一定要对学生进行管理，让学生能够拥有良好的习惯，可以独立生活，健康愉快地成长，为社会主义事业作出贡献。

二、高校学生管理的制度

从其现有内涵分析，可以总结出以下代表两种角度的定义。首先是广义范围的高校学生管理制度。其组成部分除了日常学校内部自己制定并且实施的一些制度，还涵盖了国家及教育行政部门的一些相关法律惩罚条款、规章制度等。其次是狭义范围的“高校学生管理制度”。该观点下的“高校学生管理制度”局限于学校内部管理，并不能上升到“法律体系”的层面，即它们只是国家宏、中观制度中的分支，适合在高校内部使用。换言之，高校学生管理制度就是以国家相关法律条例为基础，为实现高校教育工作正常开展和实施以及为所有校内学生创造良好的学习氛围、打造最适合学生学习的教育教学秩序的目的而制定的普遍适用于高校用来约束校内学生行为的一系列不同的相关规定及措施等。

综合上述两方面的基本认识，就高校学生管理工作而言，高校学生管理制度以大学生群体为管理对象，其主要内容涉及学生的思想、行为规范和学习、生活等方面的准则，包括管理规定、行为准则以及各种专项管理制度。从整体上说，高校学生管理制度应当是一个相对完整的制度体系。因此，这里将高校学生管理制度定义为：相关教育管理部门及高校制定的，针对高等学校在校学生学习、生活、行为等一系列在全校范围内具有普遍约束力的各种规定、办法等。从外延上说，高校学生管理制度不仅包括高校内部的相关管理制度，还涵盖了国家、教育管理部门颁布的，与高校学生管理相关的法律法规以及相关的制度、条例、章程。

（一）高校学生管理制度的特性

就高校学生管理制度而言，除了制度原有的权威性、时效性、强制性和工具性等一般特点外，还具有以下方面的基本特性。

1. 具有合法性

该制度的合法性主要表现在两个方面：

第一，高校学生管理制度制定的前提必须是满足国家相关法律法规的要求，切忌与国家及教育主管部门内部相关规定相悖。

第二，在实践该制度时，伴随大学生法治观念的日益增强，高校教育管理工作者必须始终坚持依法治理，在规范管理的同时维护学生合法权益。

2. 以育人为核心，具有极强教育性

高校学生管理的出发点与落脚点在于育人，其制度的制定必然体现

出教育性的特征。制定与实施高校学生管理制度的前提是必须将学生的全面发展作为出发点，本着“育人”这一核心原则，在细节方面尊重学生个体的独特性以及成长规律，让高校充分发挥“教育”作用。

3. 有极强的层次性

高校学生管理制度不只包括宏观层面上“立法”这一层级的制度构建、国家层面的法律条例以及相关的规章制度，还涉及学校内部校级、院级以及班级的一系列制度规定，而它们的管理主体具有层次性。

除此以外，高校学生管理制度正是因为其内容之间存在一定的内在统一性及层次性才能形成相对独立的制度体系。

（二）高校学生管理制度的趋势

1. 遵循法治化

在我国，学生管理制度顺利实施的前提是必须满足我国“经济体制改革”的相关要求，即遵循法治化。教育法制的完善过程本质上属于教育体制的创新。所以，形成中国特色社会主义教育的保障就是教育法律法规及相关制度体系的完善。从我国教育法制目前的发展状态来分析，教育宏观层面的立法依然有所欠缺。所以，我国日后的教育体制创新方向应该面向继续发展教育管理、学生管理方面的依法行政与管理，推动教育法制建设的发展以及执法监督力度的加强。这些方向同时也约束着教育管理的实施。

2. 追求人性化

教育的形成主要受教育体制和教育思想观念的影响，因此，一所高校要改革教育必须以教育体制及思想观念的改革为基础。随着教育观念的不断更新与发展，其现在强调的内容是“以人为本”，即教育越来越追求“人性化”。但是，要保证这一观念与高校教育并行实施的有效性，首先要做的就是改善高校教育管理者的旧思想、旧观念。

除此以外，还要将这一观念渗透到教育管理组织机构的设计、制度的安排、流程再次构建以及内容和方法中，让其实现对学生实际的真正了解并深入到学生内心，最终形成平等有效的运行机制，即本着“以学生为主体，尊重学生成长与发展”的原则并促进学生自身发展与国家利益和学校发展之间形成有机统一。例如，对应学分制改革的提出以及后勤社会化产生的影响，学校应该采取的正确措施是以学生为主体，以满足学生对“集体归属感”的强烈需求为前提，以专业、宿舍、社团等组织为对象形成新型的组织方法，旨在为学生提供更加广阔的活动空间、让学生体会多种形式的活动、让学生的选择更加多样化，真正实现“以人为本”与学生管理工作的有效结合。

3. 实现科学化

现代信息技术受到了当代大学生的普遍喜爱。其在给予当代大学生太多益处的同时，也对学生的发展产生了不良影响。在新的教育环境中，高校在实施学生的教育管理工作时，应该积极主动地有效利用信息技术所发挥的正面作用，同时也要限制或者消除其产生的消极影响。持续发挥信息科学技术以及网络宣传的积极作用，充分利用网络提供的服务性功能，及时将教育管理的政策、条例、动态以及其他相关文件提供并反馈给接受教育管理的成员；积极打造政治素养水平较高、了解并掌握党在教育工作方面的努力方向及教育管理相关理论、熟悉利用信息网络技术的专业教育管理团队，尽快适时建立属于自己的教育管理网站并不断更新，最终通过信息网络技术来实现教育管理工作的有效推进；利用网络信息技术丰富教育管理的相关内容，以先进的思维方式及文化内涵获得更多网络资源，促进“社会的网络文明”与“高校的教育目标”之间的和谐发展，创造积极健康且多元化的文化环境；借助信息技术及网络道德教育的发展，规范网络道德行为，鼓励网络环境中人格的健康呈现，推动自律与他律之间的有机结合，加强筛选排除消极信息的能力以及网络技术和信息技术使用过程中表现出的自控能力，为教育管理对象打造健康的网络信息环境。

4. 走向国际化

21世纪，世界各国之间的交流日益频繁，交流所涉及的领域范围更加广泛、层次更加复杂。这些变化表现在教育方面主要是：教育更倾向于“自由思想”的培养，并鼓励政府和大学生之间关系的多元化。除此以外，教育更侧重对大学在历史各阶段与现代社会发展过程中所体现的内在价值的研究和实践。在中国，对高等教育管理的改革和学生管理制度的改革起到关键和根本性作用的便是高等教育自身存在的“内部规律”。我国只有了解其内在价值、顺应世界的发展方向和时代潮流，才可以在国际高等教育领域快速地占有一席之地并实现社会服务功能和高等教育地位的不断提高。

第二章　高校学生时间与学业管理

第一节　高校学生时间管理

一、时间管理

(一) 时间管理的概念

1. 时间管理的含义

时间管理，是指在消耗同等时间的情况下，为提升利用率和提高有效性而开展的体系化的控制工作，是基于个体在社会生产中所处的不同地位而赋予自身的一种内在管理素质。

时间管理的目的是让个体从被动随意地打发时间，转变为合理主动地分配时间，形成高效能的、富有创造性的体力或脑力劳动。可以说，时间管理是高校学生需要学习的一门技巧，是决定高校学生成功与否的主要因素。

2. 时间管理的内容

时间管理涉及一系列的控制过程，以此实现预期的目标。具体包括：增强珍惜时间的意识和观念；选定目标、制订计划以及建立时间消耗的标准；通过多种方法合理消费时间，尽可能形成时间结余；评估时间的利用率；对时间消耗进行经验总结，分析浪费时间的原因；通过科学系统的方法定量控制时间，改变浪费时间的现象等。

3. 时间管理的本质

时间管理其实就是时间管理主体的自我管理。也就是说，个体时间管理的能力，不仅与其掌握的知识和技能有关，更和其价值观念、素质、态度等相关，强调的是人、人的价值观和人生过程的紧密联系。而从高校学生的主体存在性、实践性出发，高校学生的时间管理反映的是其学习生活方向、行为秩序、规律的构架，其实质是个体对自身成长空间的把握。

（二）时间管理的七个步骤

1. 设立明确的价值观及终极目标

奋斗目标是获得成功的动力，它们会决定前进的方向。把终身想要达到的成就和目标写出来，以此为核心设立多个方面的终极明确目标。

2. 确定阶段性明确目标并逐级分解

把大目标具体量化，分解为可执行的行动计划，把大目标由高级到低级层层分解，再根据时限由将来倒推至现在，明确自己现在应该做什么：大目标—小目标—更小的目标—即时行动。

先根据各目标的实现条件，将其分解为数个长期目标；再根据长期目标的实现条件，将其分解为数个中期目标，再将中期目标逐个分解为数个短期目标，进而将每个短期目标分解，最后依次具体化为现在应该去干什么。

3. 把阶段性目标按优先级排序

把年度 4 到 10 个短期目标列一张总清单，根据个人终极目标的重要性进行优先次序排列；把各年度目标分解成的各个月目标进行优先次序排列；把各月目标分解成的各个周目标进行优先次序排列；把各周目标分解成的各个日目标进行优先次序排列；然后依据各个分解的日目标按优先次序制订详细的计划。

4. 明确实现各目标所需完成的任务

通盘考虑写下想达到的目标，然后从目标出发逐步反推出实现各项目标所需完成的各项关键任务。

5. 对任务按优先级排序

把完成各目标所需完成的各项任务按优先次序归入时间的四个象限。优先处理重要紧急的任务，重要不紧急的任务留到效率高、干扰少、大块的个人时间处理。委派别人完成、减少或推迟优先级很低的或紧急不重要的任务。舍弃低价值的不重要不紧急的任务。

对各种有时间冲突的事件，需依据价值观有所取舍。然后把剩下的和价值观相吻合的任务按轻重缓急进行排序，将其归入四个象限。如果有突发的更重要紧急的事情要处理，应暂缓眼下正在执行的工作，重新按照优先级安排任务。

6．按优先级安排执行时间表

根据各任务价值大小投入相应的时间，合理分配完成各任务所需的时间，并且设定各任务明确的完成时间，然后列出日程、周、月、年时间计划。把空余时间按效率和外界干扰给予不同分值，然后把优先度高的任务分配到分值较高的时间段。

7．反思计划并立即执行，绝不拖延

按以下标准逐条检查并修改计划：这些目标真的有价值吗？是否有根本不需要做的事情列入了时间计划表？哪些事情被放弃不做，为什么？事情是否按重要程度和紧急程度依次进行？哪件事情有最高的优先级？哪些目标现在不能实现及其原因是什么，思考解决不能实现的目标所需的具体方法和步骤，排除那些无法控制的因素。对于有截止期的任务，是否有足够的时间在时限内完成？有兴趣执行这个计划吗？将上述反思意见汇总后重新制订时间计划表。

二、高校学生进行时间管理的对策

（一）认清学习生活的改变

1．学习的变化

（1）从非定向到定向

大学是培养高级专门人才的场所，能有目的地进行系统的专业理论知识学习和专业技术训练，为日后的专业工作或相关工作打下坚实的基础。

（2）从被动性到自主性

高校学生求知欲、观察力和记忆力都很强，学习自由度相对增大，可根据自身特长特点、兴趣爱好，合理地安排学习计划，需要更强的学习主动性和自我组织性，较强的自我识别、自我选择、自我培养、自我控制和自我设计的能力。

（3）从单一化到多样化

高校学生学习空间大大扩展，有知识密集的教师群体，有设备先进的实验室，有藏书丰富的图书馆。学习方法因人而异，有课堂讨论、看参考书、写读书笔记或论文等。学习途径多样，有上选修课、听学术讲座、加入教师的科研、参与第二课堂等。

（4）从局限性到博大性

大学课程多，单元授课时间信息量大，教学内容具有高深的理论性、鲜明的定向性和较强的实践性。大学教师上课内容既要立足于课本，又要跟踪国际先进科学技术的发展和新科学发现等学科的前沿知识。

2. 生活的变化

大学阶段是一个从学校到社会的过渡期。这个过程自由而矛盾，是人生发展和实现自我价值的必经阶段，因而尽早地把握高校学生生活的规律十分关键。

（1）人际关系从熟悉到陌生

大学新生陡然从一个“熟人型”社会进入“陌生人”社会，人际交往由“一元化”向“多元化”转变。来自五湖四海的同学组成一个宿舍、一个班级、一个学院，生活习惯、兴趣爱好难免存在差异，相互理解和关心就成为一种需要。

（2）生活方式由包办到独立

大部分同学读大学都需要离开父母独立生活，许多同学还要远离家乡。这样，高校学生就必须独立支配自己的生活，衣食住行、经济开支等都要由自己安排，独立处理遇到的问题。

（3）社会活动范围由窄变宽

进入大学后，参加各种社会活动的机会大大增加：党团组织、学生会、班委会、学生社团等丰富多彩的活动有很强的吸引力，老乡交往、舍友交往、师生交往等人际交往也将不同程度地占据学生的生活空间。高校学生可以根据需要选择活动，在相互交往中培养能力，拓展人脉。

（二）认清时间管理的意义

时间管理对高校学生的许多方面都会产生重要的影响，这种影响不仅限于高校学生当前或即将面对的学业，更是作为一个社会人所需具备的能力。可以说，高校学生时间管理的意义是深远的。

1. 学业质量

（1）提升学习满意度

时间管理行为能够有效缓解时间压力，提高学业成绩，提高学习满意度。在这一过程中，一方面要注意培养目标设定、计划安排等行为的技能，另一方面要聚焦学生的自我评价与体验，促进学生形成对时间的自我掌控感，建立健全身心健康的人格，实现积极的效果。

（2）减少学业拖延

学业拖延是指学生已制定的学业任务与执行之间的差距。差距越大，意味着学业拖延程度越高，会损害学习者的学业、情绪、情感以及身心健康。虽然对喜欢在压力下学习或工作的人来讲，在拖延中更容易作出深思熟虑的决定并及时地实施，但现实生活中很少有这样的条件。因此，高校学生只有通过制定学习策略、自我监控策略，才能提高自主学习的能力，自觉减少学业拖延的现象。

（3）预防学习倦怠

学习倦怠是学生由于长期的学业压力或缺乏兴趣而产生的情感耗竭、人格解体及个人成就感降低的症状。影响高校学生学业成绩的重要因素之一就是学习倦怠，同时还会对其人际关系、心理健康产生消极影响。因此，自我管理能力的增强、科学安排计划的制订，对提高自信心和预防学习倦怠起着关键的作用。

2. 生活质量

（1）提高成就动机

成就动机是个体在特有的优良标准竞争下获得的追求成功的需要或驱动，主要内涵是行为的目的性、主动性和坚持性。高校学生时间管理倾向与其成就动机存在显著的正相关，高校学生越善于管理时间，成就动机就越高，而高成就动机的高校学生一般具有喜欢挑战困难的任务、及时反馈、高效率等特点。

（2）减少焦虑感

焦虑是对即将来临或可能出现的危险、威胁所产生的紧张、不安、忧虑等情绪状态。高校学生时间管理倾向与焦虑存在显著负相关，即高校学生越善于管理时间，焦虑程度就会越低。高校学生常见的焦虑是考试焦虑，一般随着其时间管理能力的增强和认知、人格的完善，考试焦虑程度会逐渐下降。

时间管理倾向理论指出，时间效能体现的是个体对整个时间管理过程的主观感受，对焦虑有直接的影响。时间监控观是个体运筹和利用时间的观念和能力，它通过一系列外显活动体现出来，有助于减少忧虑和工作中的拖拉现象。由此，高校学生做好时间管理，有助于降低焦虑水平，形成自信、自尊、自强等正向自我观念，缓解他们的心理压力，保持心理健康。

（3）提升自信心

自信心是对自身能力能否实现目标的心理倾向，是推动人们进行活动的一种强大动力和精神力量。在时间管理方面，能够进行自我监控，不断合理地分配、调整时间的高校学生，具有较高的自信水平。自信水平反映了高校学生的自我灵活性，个人的自我灵活性分数越高，说明他的自我认知会随环境改变而变化，有助于全面认识自己，发挥优势。

（4）提高主观幸福感

主观幸福感是指个体依据自己设定的标准，对其生活质量的整体评价，主要特点是主观性、整体性和相对稳定性。研究显示，高效时间管理倾向使高校学生的主观幸福感更高，使高校学生能够体验到更多的正向情绪，降低其负向情绪。所以，对高校学生进行时间管理的培养，提高他们规划利用时间的信心，可以帮助高校学生缓解压力、消除不良情绪、增加自我价值感，从而提高他们的主观幸福感。

3. 社会适应

高校学生不仅是学生，更是一个社会人。社会适应能力是高校学生综合素质的核心组成部分，是高校学生心理素质的关键要素，也是社会对人才素质的重要要求，其重要性不言而喻。

（1）激发择业效能感

高校学生面临严峻的就业竞争，职业选择是他们面临的重大选择。职业选择的质量直接影响人与职业的匹配程度，影响个人能力的发挥。其中，择业效能感决定了高校学生选择职业的参与度、投入度及坚定性，影响着个体潜能的激发及职业目标的实现。

从实际情况来看，时间管理倾向对于预测高校学生择业效能感是一个较为理想的指标。时间管理倾向高的高校学生，有着较强的行为目的，为实现目标能够坚持不懈，职业效能感逐渐增强。

（2）提升社会责任感

社会责任感是在一个特定的社会里，个体在心理和感觉上对他人的伦理关怀和义务。高校学生要多一些社会责任感，小到学习为人处世、人际关系、专业实践，大到社会财富的创造、对社会的贡献等。但无论事小事大，高校学生唯有用心规划，在正确时间做对的事情，才能提升社会责任感。

（3）促进自我和谐

自我和谐源于美国心理学家罗杰斯的人格理论，是指自我内部的协调平衡，以及自我与经验间的一致性。

自我和谐是一种长期的自我体验，是影响心理健康的重要因素。自我和谐的高校学生会凭借自我调整，使内心处在平衡状态，失败不气馁，胜利能冷静，穷困不失志，艰苦仍努力。一个越善于时间管理的高校学生，其自我和谐程度就越高，管理水平较差的学生则容易随波逐流，达到自我接纳、自我调节的目标比较困难。

三、高校学生时间管理策略

（一）时间统筹策略

要采取行动，首先需要知道如何行动，即需要明确什么时间该做什么。那么在一天24小时有限的时间里，我们采取哪些策略才能更加合理地统筹时间和任务，从而最高效率地达成目标呢？

1. 整理分类，抓住条理

因此，我们首先需要尽可能地搜索、收集信息，例如，什么时候完成作业，什么时候参加社团活动，什么时候开会等，将这些信息从脑海中输出，或是存储在电脑、手机中，或是记录在纸上。这样一方面可以将大脑从存储信息的工作中解脱出来，让它可以专心思考，另一方面方便我们随时随地查看。

信息收集完成之后，就需要对信息进行整理分类了，否则杂乱无章的一堆信息在使用的时候同样存在找不到的风险。在整理信息时，我们首先需要对收集的信息进行分析、辨别和分类，从而将待完成的工作分为 A、B、C、D 四类。分类完成之后，我们还需要将每一件事情适合完成的时间、地点标注进去。这样，每件事情的重要程度、完成次序就一目了然了，在适当的时间和地点，我们就可以找出相应需要完成的任务了。

完成了分类整理后，如果还想让任务更加条理化，下一步就需要排定工作清单。排定工作清单可以从以下不同的角度进行。

（1）从时间的角度

比如有两个小时的空闲时间，那么就从上一步分类整理之后的“收集箱”里找出哪些事情是需要这么长时间完成的，把它安排在相应的时间。再比如午休有一个小时，吃饭用了半个小时，剩下的半个小时可以查看“收集箱”，还能安排什么工作呢？温习上午的功课，还是预习下午的功课？

（2）从地点的角度

很多事情都需要在特定的地点才能完成，所以为了节省时间、提高效率，要尽可能将完成地点相近的事情安排在一起。比如我们要到超市购买日用品，那么就可以看看待办的事情里有没有在超市附近能够完成的，例如到超市附近的银行取钱，或是到超市附近的快递中心取快递等。

（3）从事项本身的角度

根据事情重要、紧急的程度，可以将待办事项划分为几类，从事项本身的角度，当A类既重要又紧急的事情出现时，其他所有的因素和事项的安排都要以完成此A类事项为先。比如下午要参加团日活动答辩，那么就需要复印资料、做PPT、准备服装等，日程安排就需要紧紧围绕答辩来进行，其他工作都需要暂时延后安排。

值得一提的是，在此过程中必须注意“两分钟原则”：如果完成一件事情所需的时间不超过两分钟，那么不管它是哪个分类的事情，都马上去完成它。这是因为，从我们思考一件事情是否需要处理到正式作出决定，这一过程所耗费的时间差不多就是两分钟。因此在遇到突发状况时，不妨花一秒钟去作个评估，如果两分钟之内能解决，不要犹豫，马上解决，如果两分钟之内解决不了，暂时停顿放一下。一秒钟之后，要么解决突发状况，要么立即回到正在做的事情中，两分钟解决问题之后，同样如此。

此外，在实际生活中，有些事情是需要委托他人协助完成的，有些事情暂时只能处理到一定程度，还有些事情在短时间内无法确定完成日期，因此清单还需要进一步补充，即等待处理清单、下一步行动清单、将来处理清单等。

最后，还需要注意的是，每天处在不停变化的生活当中，接收的信息、需要完成的任务都是在不断变化的，所以还需定时回顾，把“收集箱”里已完成的任务删掉，新的工作加进去，再重新排定工作清单。

如此安排后，到了执行的环节，之前花费在分类整理上的时间并没有浪费，一切都变得井然有序、快速便捷，时间就这样被高效地利用起来了。

2.“多管齐下”，统筹分配时间

简单地说，时间统筹就是在同一时间段里，尽可能安排多项工作同时进行，而不是逐一而为。时间统筹并不意味着分散精力，它是一种更加合理安排工作进程的数学方法。

时间统筹能够有效地减少那些无谓的时间消耗。将其延伸到学习、工作、生活的方方面面，学会运用统筹的方法，在计划与协调之间合理地分配时间，可让时间无限增值。

3. 尊重自己的生物节律

天底下万事万物都有其自身的节律，就像春季播种，秋季收获一样，凡事都须尊重事物的自然节律。人也一样。

一般情况下人的生物节律是这样的：从午夜到翌日清晨，是体能的静止时间，正常来说，也就是睡眠时间，所以效能是低于平均值的；从早上八点开始，精力逐渐充沛，注意力逐渐集中，效率也直线上升；到了上午 10 钟左右效能到达高峰，随后开始滑落；午饭过后，从下午一两点钟开始效能又会有所提升，但提升的速度和幅度均不如早上。到了下午 4 点，效能上升的速度会更加减慢；下午 6 点开始徐徐滑落，但在晚饭之后又会有所提升。因此，对于大多数人来说，任何需要单独、集中和创造性思维的任务最好放在上午 10 点钟之前做。

当然，正如世界上千千万万的钟摆所发出的嘀嗒声都是不相同的，每一个人也都拥有自己独特的生理节律。概括地说，根据一天中的能量变化，人可以分为三种类型：“百灵鸟型”，这种类型的人总是以充沛的精力迎接升起的太阳，到了晚上就开始萎靡不振；“猫头鹰型”，这种类型的人早晨总是昏昏欲睡，一到晚上就精神抖擞，变得活跃起来；“家禽型”，这种类型的人一整天精力状态都差不多，不会有太大的起伏。

通过长期的学习、工作，人们可以推断自身的生物节律。了解了自己的生物节律之后，就应该据此更加合理地安排学习、工作和生活。

（二）时间拖延管理

1. 认识拖延问题

拖延，英文称之为 procrastination，不同于 delay（延迟）。两者的结果都是任务暂时无法完成，但后者多是由客观原因导致的工作推后，前者则是由主观原因导致的延误耽搁。

拖延是一种很普遍的浪费时间的行为，且总有一大堆不合理的借口，例如：这件事我还没有想好，现在就去做，结果只会是错的；离最后期限还早呢，等等再说吧；现在开始已经为时过晚；我要等到有心情的时候再去做，效率会高一些；前阵子那么拼命地学习，休息一下也没关系吧。

2. 了解拖延的原因

心理学家认为拖延是一种心理病症。心理学上关于拖延成因的理论大致有三种：特质论——拖延受个体特质焦虑、尽责性、低自我效能感等个性根源的影响，是个性特质的反映；动机论——个体行为受期望水准、完美主义定向、失败恐惧、自律需求等因素的影响，拖延与否取决于个体行动的动机；调节论——个体不能很好地协调个性、认知、动机与情境因素，拖延是自我调节失败的产物。简单地说，拖延的原因大致可以分为以下几种。

（1）个性懒惰

懒惰的人总是把休闲和娱乐放在第一位，他们在接到新的任务时，从来不会立刻着手解决，总是要等到最后期限才开始行动。这类人总是会说："再等等吧，明天再做也不晚。"懒惰是对成功危害最大的因素。

（2）不良习惯

如果遇到事情总是一拖再拖，时间久了，拖延就会慢慢变成一种习惯。习惯的力量是非常可怕的，它会不断强化你的拖延行为，直至你离成功越来越远。具有拖延习惯的人总是会先敷衍别人的要求，他们在接到新任务时，一般会最先关注最后期限是什么时候，以便尽量地把事情往后拖。

（3）缺乏毅力

每当必须完成一项比较困难、复杂或是需要付出艰苦努力并且长期坚持的任务时，拖延者并不是马上开始做眼下能做的事情，而是不断下决心在将来的某个时间再开始做。这类拖延症患者看似没有放弃完成任务，但实际上他只是在给自己不断逃避开始行动找各种借口，而事实上他就是缺乏毅力，最终将一事无成。

（4）缺乏自信

缺乏自信的拖延者常常不能很好地完成任务，因此往往因为害怕事情做不好而迟迟不肯行动，直到把事情拖到最后期限之前才匆忙完成。因为是在最短时间内完成的任务，所以即使结果非常糟糕，他也会借口说“这是因为时间不够”，用这种自欺欺人的自我安慰来掩盖自己的缺乏自信。

（5）逃避困难和责任

喜欢拖延的人常常认为，战胜生活中遇到的困难和承担起生活的责任难度很大，而逃避现实比较容易，因此他们就采用拖延的方式来自我麻痹。与喜欢挑战的人相比，这些人比较喜欢做难度不大的事情。一旦遇到有些难度的任务，他们就会不自觉地拖到最后再去做。

（6）个性中有完美主义倾向

做任何事情都要求尽善尽美的人，往往替自己拟出很多不切实际的标准。当某些消极或是不利因素达不到他们的标准时，他们就会因为不愿匆忙开始而拖延早该做好的工作。

（7）过分忧虑，犹豫不决

有些人总是在事情还没有开始做的时候就想象着可能会遇到的各种困难，因此在作决定的时候就会过分忧虑、患得患失、优柔寡断、犹豫不决。这样做不仅浪费了大量时间，而且还会白白错过很多宝贵的机会。

3. 管理时间拖延的秘诀

拖延是时间管理中的一大困境。只要下定决心，大多数的拖延问题都是可以解决的。

面对拖延，可以采取如下对策。

（1）承认拖延是一种无益的生活习惯

要克服拖延顽症，首先要从主观上认识到拖延的危害。

（2）时刻提醒自己马上行动

时刻提醒自己不要拖延，不断地给自己“立即执行”的心理暗示，慢慢地改变自己喜欢拖延的坏习惯。

（3）给任务设定一个明确的完成期限

为了更好地自我约束，可以给每一个任务都设定一个明确的完成期限，期限的压力可以对行动起到刺激作用。如有必要，将这一期限告诉其他人，这样无形之中就变成了一种公开的承诺。因为违背承诺会显得更加尴尬，所以自然会格外积极地完成任务。

（4）将复杂的任务分解

如果遇到比较庞大复杂的任务，不能一次全部解决，那就尝试一下被艾伦·莱肯称作"瑞士奶酪"的技巧，即将其细分为自己认为可以在短时间内完成的许多细小的任务，先易后难，从简单的地方突破。每次做一点，慢慢积少成多，就会有完成这件事情的动力了。

（5）告别完美主义

如果你是完美主义者，你应当认识到完美只是存在于你头脑中的一种假象，现实世界里并不存在，你需要把自己从完美主义中解救出来。你可以允许自己不完美，可以允许自己犯错，可以允许自己去冒险，尝试各种可能性。如果你不这样做，你就会因为总是害怕做得不完美而无法接受新的任务。你可以现在就去做，做完再判断。如果行动过早地与判断纠缠在一起，判断就会扼杀你的表现。完美主义者应该牢记这句话："至善者善之敌，要求过高，反难成功。"

（三）零碎时间管理

零碎时间，是指可供自由支配，不构成连续的时间或一个事务与另一个事务衔接时的空余时间。高校学生除了上课、参加活动之外，也有很多零碎时间。零碎时间虽短，但如果不断积累，加起来也是很可观的。那么高校学生该如何利用好零碎时间来成就自己呢？

1．学会拒绝，珍惜零碎时间

（1）学会说"不"，珍惜零碎时间

在我们的生活中，我们的零碎时间总是会受到朋友的干扰。当你想利用午餐后的一点时想做点有价值的事时，同学却要求你做其他事情，此时你该怎么办？有的人会犹豫不决，支吾不清；有的人口头答应，心里却不乐意……生活中，像这样不懂得说"不"，不敢表达自己真实意愿而浪费我们时间的情况太多了。要知道，我们不可能满足所有人的要求，那么面对朋友的要求，究竟该拒绝还是答应，这时就需要我们根据事情的重要程度、可能产生的后果加以权衡。

（2）挤出零碎时间，并化零为整

时间都是挤出来的，一个善于利用时间的人常常善于挤时间，并学会化零为整。化零为整法的实质是实现时间利用率的最大化，它帮助人们在已经计划和分割的整块时间中挤出节省下的零碎时间，并将零碎时间进行归类和集中。例如，高校学生每天从睡觉、娱乐等整块时间中挤出10分钟作为零碎时间，每周按5天算就是50分钟，每月就是200分钟，每年就是40个小时。10分钟对于一天来说微不足道，很多人每天浪费的时间往往不止一个10分钟，但是，如果能持续下去，就能让时间产生最大的倍增效果。

2. 把握“间隙”，巧妙使用零碎时间

不放过每一分钟，让每一分每一秒都能创造出新的价值。充分利用“间隙”时间是管理零碎时间的一种方式。把想做的事情分成很多部分，见缝插针地完成，会取得意想不到的效果。

3. 避免打扰，提高零碎时间使用效率

（1）安排属于自我的时间

高校学生每天至少安排半小时到一个小时的自我时间，不被其他人干扰。假如自己能够有一些时间完全属于自己，完全不受其他人打搅，这段时间的效率就可以大大提高，甚至抵过一天总的学习或工作效率。

（2）跟时间比赛

学会跟时间比赛，给每件事情规定最后的完成期限，尽量让自己在有限的时间内完成自己所计划的每一件事情。这个方法是要自己与自己竞争，然后竭尽全力去超越自己平时的表现。

（3）缩短进入状态的时间

给自己提出要求，确定一个简单明确的目标，尽量缩短犹豫和考虑的时间，从而缩短进入状态的时间，慢慢养成习惯。例如，高校学生在上课之前就提前预习好课程学习的内容，上课后，让自己迅速进入学习状态。

（4）提高办事效率

做事的快慢决定着需要耗费时间的长短，同一件事情，动作快的人可能 2 分钟就完成，动作慢的人 10 分钟都不一定能做完，提高速度才能挤出更多时间去做其他事情。

第二节 高校学生学业管理

一、高校学生学习的动机、特点与能力

（一）高校学生的学习动机

学习动机是直接推动高校学生学习活动的一种内部动力，是影响学习成效的重要的“非智力因素”。高校学生学习成绩的好坏与学习动机的关系密不可分，而且高校学生的学习动机并不是一成不变的，会随着时代、社会的发展变化而不断改变。当代高校学生的学习动机分为如下几种。

1. 发展需求

高校学生迫切需要发展自己、完善自己，向父母证明、向教师证明“我是这个世界上最棒的”。自我的发展成为高校学生最主要的学习需求。为了发展自己、完善自我，高校学生在校园里孜孜不倦地学习各类知识、参加各种活动，在丰富多彩的校园活动中不断尝试、不断改变，找到适合自己的学习方式、适合自己的发展方式。在一次又一次失败中，找到自己最喜欢的、最适合的学习方式。发展成为高校学生的首要需求，因为要发展，高校学生才如此努力地学习、尝试、追求。

2. 就业需求

当前高校学生的就业压力越来越大，高校学生也通过多种渠道了解毕业后自己将要面临的就业挑战。为了能在大学毕业后顺利就业，高校学生如饥似渴地在大学校园里学习各种知识。当前整个社会就业形势严峻，高校学生通过咨询长辈、教师，以及同伴之间交流，了解就业形势。他们也同样意识到，只要能在校园里学到真本事，有真才实学，毕

业后也能找到好工作。正是抱着这样的想法，他们学习书本知识、参加社会实践、考取各种各样的证书、参加各种各样的比赛。在这个过程中，高校学生培养了坚强的品格、良好的耐力，能经受住各种各样的挫折，最终凭借自己的真本事找到一份满意的工作。

3. 迎合父母期望

迎合父母的期望是当前高校学生重要的学习动机。父母尽其所能助子女完成学业，他们相信读书改变命运、知识改变命运。这些学生在大学里学习、工作动力十足，他们一方面为自己的理想努力，另一方面又承载了父母的殷切希望，学习起来特别有动力。

（二）高校学生的学习特点

1. 知识的专业性

高校学生一进入大学就有了专业之分，这成为高校学生学习的最大特点——专业学习。所谓知识的专业性就是高校学生的知识学习开始具有了职业定向，和未来的职业发展息息相关。从大一开始学习专业基础课，大二、大三直接深入学习专业知识。他们经过几年的专业学习，逐步成为知识结构合理、基础知识扎实、专业知识牢固、综合能力较强的符合社会需要的人才。知识的专业性体现在大学的学科建设、课程设置、教学内容、学习方法上，知识的专业性还体现在对高校学生的知识结构、实践能力、应用能力、心理素质等方面的培养与锻炼上。

2. 学习的自主性

自主学习成为高校学生学习的重要特点。学校给学生提供各种各样学习的机会，学生根据自己的需要、今后的发展选择学习的具体内容。除了学习学校要求的必修课，大学还提供很多选修课、各种讲座、各种书籍。因为有了学习的自觉性，高校学生在这样浓厚的氛围中，不断汲取丰富知识，为以后的职业发展打下坚实基础。高校学生自主选择学习的空间非常大，在学校人才培养目标设计的指引下，每个学生在达到最低学习要求的基础上自己能动地确定短期、中期、长期学习目标，并且根据实际情况不断调整。

3. 运用的实践性

高校学生的学习很多都是从实践到课堂再到实践，自我探索、实践的成分很大。培养高校学生的动手能力、参与意识、创新思维成为当前大学人才培养目标的关键词。高校学生的学习活动除了学习书本知识外，实践环节也是必不可少的，甚至不少的大学，专业理论学习与实践锻炼各占一半。高校学生运用学习到的专业知识在实践活动中检验、加深、巩固、提高，再回到理论，会更加深刻地理解理论知识的来龙去脉，更加巩固自己的专业知识。高校学生的专业学习就是为了毕业后直接服务于生产、生活。增强知识的实践性已成为高校学生学习的必备环节。高校学生通过更多的实践活动，理解知识，应用知识，提高发现问题、分析问题、解决问题的能力，更好地适应这个的复杂多变的世界，成为社会所期望培养的合格人才。

（三）高校学生的学习能力

1. 综合的认知能力、处理实际问题的能力

一个优秀的高校学生首先要对自身和所处的这个社会有一个综合的认知，了解个体与群体之间的关系，了解自我的存在价值、存在意义、发展空间。在此基础上能独立自主地思考问题，具备独自处理实际问题的能力。一个优秀的高校学生必须具备分析问题的能力和独自处理问题的能力。大学就像一个小社会，我们会遇到诸如生活、学习、感情、人际交往等各方面的问题，当我们面临这些问题的时候，优秀的高校学生往往能够深层次地认知这些问题，透过现象看本质，找出问题的关键所在，分析这些问题的困难所在，尝试用多种办法去解决它。当前用人单位在招聘的时候所关注的不仅仅是高校学生目前能做什么，更多关注的是高校学生的学习能力、思考能力、发展潜力等，这样在碰到实际问题的时候，优秀的高校学生也能适时研判所处的环境，自己找到解决问题的办法。

2. 自我学习能力

进入大学以后的学习本来就是一种宽松式、开放式的学习，有的同学选择随波逐流、自我放纵，优秀的高校学生却选择在轻松的氛围下自

我学习、自我成才。大学给学生提供了各种各样的学习机会、学习平台和学习空间。优秀的高校学生善于选择，选择适合自己的，选择自己需要的。在浩如烟海的知识中努力汲取自己需要的养分，自主地学习。当高校学生在面临很多问题和困难的时候，自我学习、自我解决问题的能力就显得特别重要。他们毕业后进入社会，这种能力的具备更是人才成功的关键。具有自我学习能力的学生在大学期间更容易专业拔尖、综合素质全面，进入社会后更受用人单位的喜欢，并且通常具有较好的职业发展。

3. 主动适应社会的能力

适应能力是一个优秀高校学生的关键素质。人始终处于大的环境之中，纷繁复杂的时代考验着每个高校学生的适应能力。优秀的高校学生具有主动适应环境的能力，主动去适应不断发展变化的世界，只有主动适应环境、顺应环境，才会找到改造世界、改变现状的钥匙。主动适应环境的能力是一项综合素质、综合能力，是在经历过许多事件、经历过许多考验后才能培养出的一种特殊能力。它包括良好的思想品德、愿意与人合作的协作意识、优秀的人际关系以及卓越的创造能力等。一般来说，身心健康、善于进退、懂得忍让、自身素质优秀的高校学生适应能力较强，即使环境变化、岗位变动，通过自己的努力和调整，也能很快地适应社会、适应工作。

4. 开拓创新的能力

开拓创新能力是对高校学生综合的、高层次的素质要求。开拓创新意味着不拘泥于传统，不甘于现状，始终想有所突破、有所创新。高校学生的开拓创新精神属于一种高素质、高能力，是高校学生在长期的学习生活中逐渐培养起来的创新思维、创新意识。面对一些实际问题、实际困难，当大家一筹莫展、不知所措时，优秀的高校学生能用这种创新能力另辟蹊径解决问题。当前整个社会正处于改革发展的攻坚期，高校正处于转型发展的关键期，我们会面临很多新问题、新困难，依靠传统思维、传统习惯很难顺利解决问题，但如果高校学生善于运用自己的创新思维、创新精神，就有可能找到解决新问题的新办法，成为最有竞争力的优秀人才。

二、高校学生学习过程中出现的情况

（一）信息化改变学习方式

当今社会已经彻底进入信息化时代，产生了很多与传统社会不一样的特点，不一样的规律。信息化时代，知识信息急剧增加，学习方式多种多样，获取知识的渠道也多种多样。信息时代学习方式的转变大概有以下几类。

1. 由个体性学习转向合作性学习

传统的学习方式由于知识的广度和深度的局限性，大多是一种个体性的学习、维持性的学习。信息化时代，知识的广度和深度发生了翻天覆地的变化，创新性学习、合作性学习的特点更加凸显。由于知识的急剧增长，完全靠以往的个体学习已不能很好地掌握庞杂的知识点。通过合作学习，能最大限度地整合集体的潜力，大家可以相互帮助，共同提高。合作学习通过相互间的合作、交流、妥协，一方面增强高校学生处理人际关系的能力，另一方面强调每个成员的参与意识、分担意识、角色意识，使得知识学习的效率提高，问题的解决更加高效。在相互合作的学习过程中，大家不断地学习别人的长处、优点，反省自身的缺点、过失，在这样一种交互的过程中，每个人的能力都得到锻炼和提升，学习能力和学习效率大大提高。

2. 由被动学习为主转向自主学习为主

传统的学习带有很大的被动型，自上而下的命令式学习很多。信息化时代，知识爆炸，信息量巨大，每个人的学习需求不同，如果再遵循以前的被动学习方式，学习的效果、学习的效率都将大打折扣。信息化时代，面对纷繁复杂的海量知识，高校学生必须有自己的判断能力，自主选择感兴趣的内容，自主选择对自己有用的内容。高校学生自主地选取兴趣点，自发自主学习，能够大大地提高学习效果。

3. 由统一性学习转向个性化学习

传统的学习受内容的限制，通常都有统一的内容、统一的学习要求、统一的学习目标。信息时代的学习更偏向于个性化学习，强调个体的学习兴趣、个体的学习需求、个体的学习差异。信息时代的学习充分体现了“以学习者为中心”，尊重个体差异，尊重学习兴趣。同时海量的信息资源为每个学习者提供了“按需所求，量体裁衣”式的学习可能，提供了多样化的学习资源和学习机会。信息时代注定是一个丰富多样、多姿多彩的学习时代。

（二）高校学生凸显自身的特点

1. 个性突出，自主意识强

高校学生从出生开始就处于一个相对开放的大环境中，整个社会高度发展、深度变革，各种思潮也相对自由地出现，任由新一代高校学生选择。在这样的大背景下，新一代高校学生大多具有鲜明的个性，有自己独特的认知，他们喜欢个性、新奇的东西，在一切能够彰显个性的领域自由发挥，例如在穿着、兴趣爱好、谈吐、追求等各方面展示自己独特的个性，喜欢自由安排自己的生活、学习，遇到事情自己拿主意，自主意识很强。

同时物质、精神的相对充足给他们提供了很好的张扬个性的资本，他们相信自己、相信自己的待人处世方式、追求个性，而且大多对未来充满信心。

2. 组织观念和纪律观念较差

高校学生大部分自我中心的意识强烈，个性突出，喜欢按照自己的想法行事，较少考虑他人和集体的因素。他们的组织观念和纪律意识都较差，做事情之前更多考虑的是个人，渴望表现自我，展示自己，渴望得到更多关注，喜欢听表扬，喜欢自己单独从事个体活动，对集体活动不关心或参加很少，团队合作意识不强，过分追求自我价值的实现，集体归属感、荣誉感不强。

3. 好奇心强，接受新生事物的能力强

高校学生最大的一个特点就是观念开放、好奇心强，更愿意尝试新

鲜事物，对新生事物的接受能力较强。新一代高校学生生于网络时代，每天接收的信息量非常大，他们思想活跃、前卫，比较容易接受新生事物，敢闯敢拼，富有挑战心，喜欢有一定未来感、新鲜感乃至刺激性的事物；对各类拓宽知识面的课程的学习和各类上岗考证表现出极大的学习热情，许多学生在学习专业课程的同时，辅修其他课程；创新创业已经成为大学校园文化的新风尚和不少高校学生的现实选择。

4. 有强烈的反叛意识

高校学生有自己独立的观点、独立的思想，敢于批判，敢于反抗，不再唯书、唯师、唯理论。如果教师紧紧抓住这样一些优点，因势利导，好好发挥，对于突破传统，创造新观点、新思想有极大的好处。但这样一种强烈的反叛意识如果不加以控制，又很容易激化出极端行为，高校学生事务管理工作者必须加以好好把握。

（三）实践教学时代的到来

实践教学，既是现代经济社会发展对人才培养提出的客观要求，又是我国高等教育更深层次改革与发展的内在要求，更是高校人才培养目标的迫切需要。当前整个高校正处于转型发展、综合改革的关键时期。所谓转型发展、综合改革，就是要改变高等学校过去传统的观念、体制、人才培养模式、管理结构，以此适应当前不断发展的社会形势。在这一系列的改革措施中，人才培养模式的变革最重要、最突出的特点就是改变过去教师教学一言堂、灌输式的教学模式，给学生更多的时间、更多的机会进行实践操作、实践演练，将原来死的书本知识转换为活的实际操作，让学生在实践教学、实际操作中学到更多有用的知识，发现自己的短处、发现自己的不足，用实践来检验教学效果。这样以学习、研讨、实践等多位一体并且以实践为主的教育模式，使学生各有特色地全面发展，使各校以各具特色的育人风格培养高校学生的社会责任感、实践能力和创新精神。

三、改善学业管理的措施

(一) 做好学业规划指导

1. 帮助学生制定学习规划，确立学习目标

高校学生最重要的任务是学习，学生事务管理者的工作重心也应当从一般性的事务管理转向学业管理。按照以往的惯例，学生事务管理者的重要任务是关注学生成长、成才发展过程中的心理问题、行为纠偏、一些具体的事务性的管理。而对于学生的学习一般认为有专业教师的指导、监督，高校学生事务管理者很少介入。

高校学生事务管理者要改变传统的思想观念，使学生的学业管理、学业规划、学习思想成为自己关注的热点和重点，把学生的学习问题、学习规划当成最重要的工作内容，特别关注学生的学习心理、学习状态、学习成果。在全面了解学生兴趣、爱好、特点的情况下，和学生一起讨论、制定学习规划。学习规划包括短期学习规划和长期学习规划。短期学习规划注重学习时间、学习效率，主要是安排好学习时间，形成良好的学习习惯。长期目标重点关注学习之后的效果，要达成的目标，根据实际情况及时调整目标。制定规划的目的就是要避免漫无目的地学习，通过学习目标的制定、检查、督促，为学生学习提供保障。

2. 以学生为本，促进学生的全面发展

促进学生的全面发展、综合发展是高校学生事务管理的理想目标。高校学生事务管理的所有工作内容都应该围绕促进学生的综合、全面发展而展开，以学生为本，让高校学生在相对宽松的大学环境里获得知识、能力、素质，获得全方位的自由发展、充分发展、尽情发展，获得极大的解放。高校学生事务管理为了实现这样的培养目标，首先要尽可能创造一个宽松的环境，让学生能够自由发挥；其次为学生提供个性化、多层次的服务，满足学生个性化的多样需求。除此之外，应充分尊重学生多样化的发展方式，在学习方式、选课方式、社会实践方面，充

分发挥学生的主观能动性，给予他们自主选择、自主创造的机会。高校学生事务管理者要在管理过程中充分尊重每个学生的价值和个体尊严，为每个学生提供平等、公平的发展机会和平台，激发学生的学习潜力和学习积极性，挖掘每个学生的创造力和创新能力。

（二）健全学业动态管理机制

1. 加强教学管理

高校学生事务管理者要狠抓学风建设、强化学习纪律：定期组织召开有关学风建设的主题班会，引导学生始终把学习重心放在学业上；认真宣讲学校的各项规章制度、校规校纪、奖惩措施；经常开展教学检查，配合任课教师做好考勤工作，要舍得时间、下得功夫经常深入课堂、教室、学生宿舍了解情况；及时做好与家长的联系沟通，与家长一起做好学生的思想教育、学业管理。高校学生事务管理者要做学生的生活导师、学习导师、人生导师，全方位、无死角地做好组织安排，督促学生养成良好的学习习惯，不断激发他们学习的动力和热情，设定一些通过努力就能达成的目标，不断激发学生学习的动力和积极性，促进良好学风的形成。

2. 建立完备的学籍管理制度

学籍管理是高校学生事务管理中的重要内容，从内容上看，学籍管理包括学生入学和注册管理、学生成绩管理、学生异动管理、学生奖惩管理、毕业生相关工作管理等；从管理实践上来讲，学籍管理具有导向功能、测评功能、预警功能。在高校各项事务管理中，学籍管理对学生而言是最重要的管理活动，关乎学生的学习、成绩、就业。从高校学生事务管理这个角度来做好学生的学籍管理，首先就是要建立一套完备的学籍管理制度。当前面临高校的转型发展时期，高校学生事务管理要做的重要工作就是依托学校建立起来的一系列学籍管理规定，加大宣讲力度，全面宣传学校的学籍管理制度，让学籍管理的各项制度、与学生切身利益相关的各项制度深入人心，人人知晓。同时坚持以学生为服务主体的学籍管理理念，变管理为服务，变控制为引导，尊重、保障学生的各种自我学习、自我发展的个性需求，鼓励学生参与学籍制度的建设和学籍管理，充分给予学生选择的自由权、参与权。

3．注重过程管理

过程管理在学生的学业管理中特别重要，也是高校学生事务管理中的关键环节。当前由于学生学习的基础和学习能力之间的差别巨大、学习动力和学习追求的差别巨大、学生的个性心理差异巨大，各种各样的外部环境对学生的影响也各有不同。因此，在这种情况下加强对学生学习过程的管控，就显得特别重要。只有加强过程管理、过程控制，才能有效保证整个教学环节的顺利实施，保证整个教育教学质量的提高。

（三）完善学业服务体系

1．打造优秀的学业咨询团队

一切为了学生的学习，一切以学生的学习为重，高校学生事务管理工作者要想方设法找到学生事务与学术事务融合的关键点。

首先，聘请优秀的专业教师对学生开展学习指导、专业辅导。这些教师可以是每门课的专业教师，他们在专业上有很深的研究和造诣，可以面对面或者通过网络在线为学生答疑解惑，为学生提供课程学习、专业知识点解惑、学习方法答疑、学习技能帮助等。针对学生普遍关心的考研问题、就业问题，教师可以通过自己丰富的专业知识、人生阅历，给学生提供权威的解释与帮助。通过深入的学习与交流，教师可以发现在专业上有发展前景的同学，充分挖掘他的专业才能，带领其更深入接触、钻研专业知识。通过这样一些专业的指导，激发每个学生专业学习的热情，更好地培养学生自我发展的能力，使他们具备优秀的综合能力、综合素质。

其次，聘请有专业特长的管理干部、教师对学生进行专业评估，包括心理评估、学习状态评估、学业规划设计评估以及职业生涯设计评估等。这类有专长的管理干部利用自身的专长优势，往往可以给学生提供很多书本上学不到的知识、书本上了解不到的信息，可以很好地弥补和专任教师的差距，帮助学生更好地认识自己、更好地定位自身。例如开展动态学业测评时，指导教师及时根据学生当前的学习状态、学习效果指出学生最近在学业上的投入度，帮助学生制订合理的学习计划、学习时间，在休闲与学习中找到平衡点。开展职业生涯设计时，指导教师可以通过专业的职业测评问卷大体看出学生的性格、适合的职业，通过深入的交谈、了解，和学生一起制定出适合学生自己的、喜欢的职业规划，并且和学生一起拟定学习计划、拟定通过刻苦努力就能达到的目标。

最后，邀请学业优秀、各方面表现良好的高年级学生与低年级同学交流，充分发挥朋辈心理的优势作用。优秀的高年级同学以其优秀的过来人身份和学弟学妹交流高校的学习和生活，大家没有距离感，能够深入交心谈心。高年级同学可以告诉低年级同学怎样合理地安排高校的学习与生活，怎样快速、有效地获取知识，怎样更好地获得专业知识，大家也可以交流什么是更好的学习方法，一起分享学习经验。优秀的高年级同学现身说法，能很好地引起学弟学妹的共鸣，起到良好的榜样作用。

2. 建设学业指导中心

建设与学生学业紧密相关的学业指导中心，能够给学生提供学业、就业指导、学习评估、发展方向、生涯设计等规划，指导学生设计个性化的学习方案，构建师生间交流互动的平台，促进学生与教师之间、学生与学生之间的广泛交流，为学生在校期间的成长成才提供帮助支持。学业指导中心倡导个性化的学习内容、个性化的学习方式，也提供多种学习方式供学生自由选择。

第三章　高校学生法治化管理

第一节　高校学生管理工作法治化的必要性与可行性

一、高校学生管理工作法治化的必要性

（一）贯彻全面依法治国方略的必然要求

1. 依法治校的时代要求

依法治校是在依法治国的时代背景下提出的。实行依法治教，把教育管理和办学活动纳入法治轨道，是在社会主义市场经济条件下，教育进一步改革与发展的客观需要；是教育行政部门改变领导方式，依法行政，提高行政管理效率与水平的必然选择；是培养跨世纪一代新人，实施科教兴国战略的有力保证。依法治教，顾名思义，即依据法律管理教育事业，它既包括国家和国家机关对教育事务的管理，也包括学校的内部管理。依法治校是依法治教的重要组成部分，是推进依法治国基本方略的必然要求，是教育事业深化改革、加快发展，推进教育法治建设的重要内容。

依法治校中的“治”即“管理”之意，其中的“校”当然包括高等学校。随着教育改革的深入，高等学校的发展受到党和国家前所未有的关注。而随着我国的高等教育从精英教育向大众教育转变，高校学生管理出现了新情况和新问题，引起了大众的重视。

高校学生管理法治化是依法治校的重要组成部分。实行依法治校，就是要严格按照教育法律的原则与规定，开展教育教学活动，尊重学生

人格，维护学生合法权益，形成符合法治精神的育人环境，不断提高学校管理者、教师的法律素质，提高学校依法处理各种关系的能力。以上依法治校的种种要求，具体到高校学生管理领域，都只有通过高校学生管理法治化模式才能得以实现。因此，高校学生管理法治化，是依法治校得以实现的关键举措，是依法治教和依法治国的必然要求。

2. 网络空间治理的现实需要

互联网是现实生活的延伸，网络社会需要法治，这也是依法治国的重要内容和方面。推进全面依法治国，必须对网络空间进行依法治理，加强互联网内容建设，建立网络综合治理体系，营造清朗的网络空间。

随着网络科技的迅速发展和自媒体时代信息传播的隐匿性，一些新的违法犯罪行为层出不穷，而自媒体平台成为网络犯罪的重灾区。

我国先后颁布的各类法律法规并未能使网络违法行为绝迹于现实生活，这就需要我国的相关部门加快对互联网安全的立法过程，使互联网法律法规覆盖网络运行的各环节和全过程，更有效地加强自媒体时代的网络空间治理，从而更好地贯彻全面依法治国的方略。

3. 高校走内涵式发展道路的必然之举

当前，高校已进入以法治思维和法治方式深入推进高等教育综合改革、教育评价改革的新阶段，依法治校是确保高校内涵式发展的最可靠方略。高校管理工作者要因时而进、因势而新，遵循“以事实为依据”的原则和“以法律为准绳”的司法准则，运用法治的理念管理各种事务，合理解决学校和学生的各类纠纷，尊重权利双方的平等关系，让高校学生管理工作逐渐科学化、规范化、法治化。

4. 学生维权意识不断增强的必然选择

随着我国法治化进程的加快，大学生的维权意识迅速提升，给学生工作，特别是学生纠纷事件处理带来了全新的挑战。如果学生工作管理者不具备相关法律常识，往往就会产生很多不必要的矛盾，特别是在学生知情权、隐私权、申诉权等问题的处理上稍有不慎，就可能让学校陷入麻烦。

（二）构建和谐校园的迫切需要

1. 提升高校学生管理水平的必要举措

随着国家各行各业改革如火如荼进行，我国的高等教育事业经历了巨大的变革，高等学校的法律地位发生了变化。

社会形势的日趋复杂和多元化以及高校学生权利意识的觉醒，使高校管理者必须正确认识时代发展的要求，运用新的教育和管理理念，创新性地开展高校学生管理工作，以保障和谐校园的建设、合格人才的培养以及高等教育事业的良性发展。

2. 化解高校危机的重要手段

作为社会的重要组成部分，高校与政府、企业及其他营利性或非营利性组织一样，会面临各种各样的危机挑战。近年来，我国高校危机事件频发，严重影响了学校正常的教学秩序，影响了高校的整体形象和声誉，甚至影响校园的和谐、稳定与学生的发展。

在自媒体空前繁荣的网络时代，高校的诸多危机事件与现代网络媒体有日益复杂的联系。高校学生作为网民的一部分，常常乐于通过网络媒介对普遍关注的校园及社会热点问题，发表自己的观点和意见，并进行交流和讨论。在遇到突发事件时，自媒体很容易成为负面信息或不实信息滋生、传递、扩散的渠道，甚至是形成、引发、推动高校危机发展的关键力量。

面对层出不穷的危机和自媒体这把双刃剑，高校管理者同样可以有效借助自媒体网络传播的巨大力量来推进高校危机事件的解决，发挥舆论领袖的作用，使高校在危机管理中能化危机为转机，最终实现危机管理有效、舆情引导到位、校园和谐稳定的目的。

（三）现代高校思想政治教育的客观需要

现代高校思想政治教育的内容非常广泛，概而言之，思想政治教育就是一定的阶级、政党、社会群体遵循学生的思想品德形成发展规律，用一定的思想观念、政治观点、道德规范、对学生施加的有目的、有计划、有组织的影响，使他们形成符合一定社会、一定阶级所需要的思想品德的社会实践活动。

高校学生管理工作模式的选择，对思想政治教育的开展和成效有不同的影响，高校学生管理工作法治化是现代高校思想政治教育的客观需要。

1. 有利于高校思想政治教育队伍建设

目前我国高校学生管理工作的主体是党委领导下的校长负责制，具体落实的主体基本是学校的学生工作处、各院系主管学生工作领导和奋战在第一战线的辅导员和班主任们。而实现高校学生管理法治化，务必要求高校的学生管理者们具有较高的法律素质和先进的法治理念，以及对法律权威的尊崇。而高校思想政治教育的主体分别是学校党政干部和共青团干部、思想政治理论课教师、哲学社会科学课教师、辅导员和班主任。不难看出，学生工作处和各院系的学生工作领导及辅导员们既是高校学生管理工作的主体，也是高校思想政治教育的主体，这些人素质的提高，必然有利于高校思想政治教育队伍建设。

2. 有利于高校思想政治教育中的法治教育具体化

法治国家的建设，不仅需要完备的法律体系，更离不开国民法律素质的提高。若要实现高校学生管理工作法治化，在学生管理过程中，就要注重法治宣传和教育，注重程序正义，建立完善的权利救济制度。学生在法治环境中耳濡目染，在规范的程序中规范自己日常的行为，可以形成知法、用法的好习惯，不仅能增强法治教育的效果，而且还可以对法治教育的成效进行及时反馈，从而矫正法治教育中存在的不足。

3. 是现代高校思想政治教育管理科学化的必然选择

高校学生管理包括高校对学生进行的思想政治教育管理，包括思想政治教育队伍管理、课程管理、方式管理、内容管理等很多方面。随着思想政治教育环境的变化，现代思想政治教育要求管理的科学化，具体体现为管理规范化、管理制度化和管理民主化，而规范化、制度化、民主化恰恰是法治化的要求。

（四）自媒体时代学生全面发展的必然要求

传统的高校学生管理工作一直把学生视为单纯的被管理者，忽略了学生权利意识和主体意识，高校所制定的相关管理规章也是站在高校管理权的角度上，并未说明学生应该享受的同等权利。高校学生管理工作法治化的贯彻实施可以使学生充分发挥主体意识和提高自己的主体能力，正确意识到自己应有的权利主体身份，更好更快地提高自己的综合能力，从而在未来缤纷复杂的社会中具备快速适应的能力，也为自己综合才能的施展寻找到更广阔的空间。

二、高校学生管理工作法治化的可行性

（一）德治与法治相结合辩证关系理论

德治强调的是一种民间治理，德治具有广义与狭义之分。广义的德治，其核心不仅仅是强调要依靠、通过道德治理社会，更在于强调德规优于法规、道德高于法律。狭义上的德治是指，仅依靠道德在政治生活中发挥主导作用，来实施统治的国家控制战略。

上述思想看到了德治的治理功用，但需要注意以下倾向和问题，德治与法治不等同于道德和法律的关系，德治强调其工具主义价值，在为政府统治或治理服务的同时，还应看到德治对公民权利终极性价值的不懈追求，重视德治思想的价值理性和信仰导向，看到德治是影响人们精神世界和生存方式的社会管理模式。

当前所谈的德治，是思想政治教育范畴中的道德教育、道德教化、道德规范、道德引领等积极的“正能量”，是中国共产党借鉴中国历代德治之道的长处，吸取国外管理国家事务经验，教育引导人民提升道德品质和精神生活，有效管理国家事务的治国模式，是调整生活的规范体系，是一种文化形态和人生意义，更是道德价值的实现方式。我们承认德治与法治在行为基本准则、冲突解决方式、各自所属范畴、与人治的关系等方面具有差异性，而且二者的差异不仅表现在道德和法律范畴，

更体现在观念、规范、制度、秩序等层面中。

法治与德治的差异互补性构成了二者结合的逻辑前提，二者因差异而互补，因互补而需要结合。法治与德治的价值互补或重叠使结合具有了实践的合理性，二者在有些价值旨归上是一致、重叠的，只是在不同的文化场域下，形成了不同的表述和理解。在二者结合的方式上选择渗透式的板块型结构模式，即法治侧重行为规范层面，德治侧重精神价值层面，发挥二者自身价值。法治体现合理性、合法性、正义性，规范和限制权力，保护公民权利，维护社会秩序；德治为人提供精神皈依，为法治提供良好的思想、文化等环境。二者都以人的全面发展为根本目标和终极价值指向，二者都是实现社会控制，提升国家、社会治理的有效途径。德治与法治在新的时代有了新的诠释，具有时代精神。德治与法治的结合是党和国家在治国理念上的贯彻落实，为国家、社会、公民的发展提出了价值目标、价值关怀和价值追求，是当下提升人们精神境界，健全法治建设的文化基础和重大举措。

简言之，德治与法治具有差异性与结合性。我们要充分认识到，法治是治国的根本方式，德治是治国不可缺少的重要条件，德治是法治的重要前提，而法治是德治的重要保障，必须克服两种片面性认识，摒弃“法律万能论”，克服“泛道德主义”。

法律不是万能的，无须国家行政、司法干预的领域，那是社会自治、自律和道德规范发生作用的场域与空间，无须法律和公权的介入，高度的法律化容易导致过分依赖法律，弱化道德的力量，出现道德沦丧现象。“德、法并重是人类历史经验教训的总结”，法治与德治相结合是中共中央关于推进全面依法治国的需要，是践行社会主义核心价值观的需要。高校学生管理工作必然倡导德治和法治相结合的理念，必然运用德治与法治两种治理方式，要充分认识到法治和德治都是规范高校秩序的手段。

高校发挥思想政治教育作用，辅导员等高校学生管理者要注重德行修养，营造良好的道德氛围，用道德教化手段教育学生遵守法律，提高社会道德水平；要高度重视道德对大学生的规范作用，大力推进大学生道德建设，培育“知荣辱、讲正气、做奉献、促和谐”的文明道德风尚。道德教育力量必然对大学生法治化管理有积极的促进作用，要运用德治调节大学生的思想和行为。

大学生道德状况主要依靠内心信仰、传统习惯和社会舆论等精神力量支持，一旦个别大学生丧失良知，道德教化便显得苍白无力，法治此时便发挥作用，用其权威性和强制性规范大学生的行为。所以，德法合并乃是现实中高校学生管理最为理想的方式，必须坚持德法并蓄，宽严相济，相得益彰。

（二）构建社会主义和谐社会奋斗目标

当代中国要以和谐作为法治的灵魂与核心理念。和谐社会对政治、经济、法律、道德等方面都提出了指向性要求。和谐社会是公民权利得到确认、维护和保障的社会，是道德风貌、法律素养全面提升的社会，是国内和平安定的社会。

社会主义和谐社会必然要求建立和谐高校与和谐校园，高校也以实现和谐为目标。和谐的高校是和谐社会的风向标，对实现和谐社会具有重要的引领和推动作用，而创建和谐高校、和谐校园要依靠思想政治教育和法治化管理，发挥大学生思想政治教育作用，引导大学生树立和谐理念，实现高校与大学生之间、教师与大学生之间、大学生个体之间关系的和谐。若上述群体之间有了不和谐的因素或纠纷，必然依靠法治解决纷争，必然依法依规办事，化解当事各方的矛盾和危机，维护各方利益，维护和谐校园秩序。

高校作为人才培养的摇篮和输送基地，在构建和谐社会进程中扮演着非常重要的角色，也以实现和谐高校作为建设的目标与要求。和谐高校要以法治审视和优化校园环境，注重以人为本，通过民主法治建设校园。从整个社会和谐环境考察来看，小环境和谐必然促进大环境和谐，每一个个体和谐必然实现整体的和谐，据此，师生关系和谐必然促进校园和谐，进而促进教育和谐，最终实现社会和谐。

和谐校园是内和外顺、协调发展的校园，形成了以校园为纽带的各种教育要素全面、自由、协调、整体优化的育人氛围。和谐校园建设是为了师生员工的和谐发展，就根本目的来说就是为了大学生自由全面的发展，这也是高校学生管理法治化的最终诉求。大学生管理法治化遵从权利本位，尊重和维护大学生权利，这恰恰是和谐校园建设中人本思想的体现，是和谐校园建设的应有之义。

第二节 高校学生管理工作法治化的路径

一、学生管理法律和规范的制定

（一）国家层面规范体系的完善

1. 促使国家立法、执法和司法走向科学化、系统化

随着经济社会不断发展，公民素质提升，社会个体权利意识逐渐觉醒，在法社会学视野下，高校学生管理工作涉及政治、经济、社会、文化诸多领域的复杂性社会问题，在社会学视野下开展高校学生管理工作法治化研究，就是要将法治贯穿“三全育人”的全过程，就是要在高校学生工作中实现高校管理法制体系完善和法治建设推进。下面，将从立法、执法、司法三个维度探析法在社会学视野下高校学生管理工作法治化路径。

（1）立法

一方面，依法治校是高校校内外多主体参与的系统工作，在法社会学视野下对高校学生管理工作法律地位、对高校内部各权力主体参与学生管理涉及的法律关系作出准确判定是制定有关高校学生管理工作规章制度的前提。

另一方面，高校学生管理工作法治化必须以不断变化的高校学生管理工作内容和要求为依据，以《中华人民共和国宪法》《中华人民共和

国教育法》《普通高等学校学生管理规定》等为准绳，建立既符合法律法规又具有高校学生管理特色的规章制度，通过立体多维的制度尊重教育发展规律并营造公平、公正、和谐的校园环境，培养知行合一、德技双馨，德、智、体、美、劳全面发展的大学生。

（2）执法

从纵向层面来说，用法治理念与法律方法进行学生管理是高校法治建设的必然要求，参与高校学生管理工作的部门和人员应该将管理理念由“单一治理”模式转变为高校校内外多主体参与、协商、合作的“共同治理”模式，通过多种途径全面提高参与高校学生管理工作人员的法律素养，在高校学生管理工作中做到“有法可依、有法必依、执法必严、违法必究”。

从横向层面而言，高校要引领校园法治文化建设，营造浓厚的法治氛围；在思想政治教育和学生管理工作中以社会主义核心价值观为引领，引导高校学生认识法治的价值，树立正确法治观；要整合高校法治教育资源，完善高校法治教学体系，拓展学生法学知识广度；健全法治实践参与机制，提高学生的法治思维能力，增强法治教育的实效性，弘扬法治精神，树立法律信仰，实现大学生法治素养全员、全方位、全过程的培养。

（3）司法

在法治国度，程序正义和实质正义共同实现方为良法之治。法谚有云“无救济即无权利”，有效的权利救济机制是确保依法治校的关键。从法社会学意义上来说，高校学生管理工作必须有一套完整可执行的申诉监督程序，打破高校学生管理体制机制屏障，构建有序有效的法律认同和信任机制。

立足依法治教和依法治校的时代要求，可以适当在高校学生管理涉及的师生权益保护、校生纠纷中立处理等问题上引入第三方监督管理机制，在兼顾高校管理制度优化的同时保障师生正当权益，有效发挥高校学生管理工作法治化过程中各主体的主动权。

一所学校的法治审美是依法治校最高形式的表达。在法社会学视角下进行高校学生管理工作法治化研究，既要加强高校学生管理制度建设，健全高校师生权利救济机制，优化高校学生管理法治环境，更要有效提高高校学生管理工作法治化过程中各主体法律储备知识与运用能力。

高校学生管理工作法治化要“文火慢炖”，激励高校学生管理工作法治化过程中的各主体在法治教育中汲取，在法治活动中践行，在法治文化中浸润，在法治实践中坚守，全面推进中国特色社会主义法治体系建设。

2. 建立健全学生维权救济制度和途径

学生对学校给予的处罚、处分有异议权、抗辩权和救济权，这也是正当程序的重要组成部分。高校应当依法依规设立学生维权、申诉处理委员会和办公室，制定相关制度、流程，对相关人员进行培训。遇到学生对学校给予的处分等不服、有异议，要鼓励、支持和协助他们向学校申诉处理委员会提出申诉，及时、有效地把矛盾、冲突、纠纷化解，保证学生的救济权和救济途径得到有效保障。

3. 完善学生管理听证制度和监督制度

学生管理听证制度和监督制度对于维护学生的基本权益非常必要，体现了以人为本、依法民主管理的理念。在制定和发布实施与学生利益密切相关的政策和制度之前，必须按正常程序召开听证会，广泛征求学生的意见和建议，倾听他们的心声和想法，最大限度地吸收、满足他们的合理要求。这种安排有助于学生了解政策和制度制定的目的、作用，也体现了学生参政议政、履行监督的权利。同时这样的制度安排有利于管理者宣传自己的管理理念和主张，也给学生一个说话、争取权利的机会，使管理者和被管理者都能够从中获益，是个“双赢”的制度。另外，学生可以通过学生会等组织监督委员会，建立参政议政监督机制，行使学生参与管理和监督的权利和义务。

（二）学校层面规范体系的完善

1．建立健全和严格履行学生管理工作程序

高校的决策过程、管理流程、奖罚评定等应公开、公平、公正、合法、合理，要严格履行合法、正当程序。特别是对学生的处分应公开透明，应让学生明白错在哪里，同时也要说明处分的依据、法理，使学生容易理解、接受、吸取教训和改正错误。如学校在处罚、处分学生时，要注重事实，并有充足的证据，要按法定程序认真、充分听取学生的陈述、抗辩，为学生提供救济途径和协助。

2．德法共治思维指引学生管理

即使在极力推崇尧舜施行德政、以德化民的上古时代，思想家们也仍然能够意识到德治的有限性，逐步建构出德法共治思维并使之成为数千年特有的治国理政传统。德法共治强调道德和法律在社会治理中的相互补充，主张以德服人，明德慎罚，德主刑辅或者德礼为本、刑罚为用，由此，“德法互补、共治”逐渐成为中国古代国家治理的成功经验。党和国家领导者高度重视德法共治，要求坚持依法治国和以德治国相结合，做到法治和德治相辅相成、相互促进。

法律是成文的道德，道德是内心的法律。法律和道德都具有规范社会行为、调节社会关系、维护社会秩序的作用，在国家治理中都有其地位和功能。法安天下，德润人心。法律有效实施有赖于道德支持，道德践行也离不开法律约束。法治和德治不可分离、不可偏废，国家治理需要法律和道德协同发力。

在社会主义条件下，以依法治国和以德治国相结合为特征的德法共治革除了传统社会治理方式的弊病，确立了社会治理的民主决策程序，以合乎公众意志的法规作为社会治理的基本遵循，以管理者以身作则、人与人互尊互爱等体现德性光辉的元素作为社会治理的重要保障，兼具法治的公正和德治的温暖，既保障底线秩序又弘扬高尚追求，必将为民

族复兴和社会发展注入不竭动力。在教育改革过程中，德法共治思维可以为构建兼具正当性和有效性的学生管理模型提供指引。

遵循德法共治思维，学生管理应该统筹发挥法治与德治的优点，将依法管生和以德育生有机结合，以体现正义性和发展适宜性原则的学生管理规章作为学生管理的准绳，以体现师表示范和人本关怀的正面引导作为学生管理的日常运行方式，依托法规管制的刚性机制确立学生管理的基本格局，依托道德滋养的柔性机制落实学生管理的育人追求，推动学生成长为自觉自律的行动者。

（1）以法治为基准，构建符合民主、法治标准的学生管理规章

“以法治为基准”指将依据法规实施对学生的管理作为学生管理的基本运行原则。在分析法治与德治的关系时，德治与法治的内在价值关系应当是相互配合和相互支持的价值资源互补关系，就社会政治实践而言，法治无疑具有某种政治优先性。

更确切地说，依法治国是我们建设社会主义民主制度的基础，所谓德治，是以法治的确立为前提的，只有首先建立必要而稳定的社会法治秩序，道德伦理规范才能真正充分发挥其作为一种社会治理方式的作用。这种关于法治与德治关系的观点提示我们，学生管理必须有法可依，有章可循，将符合社会主义民主、法治标准的学生管理规章作为实现学生管理制度化、法治化的基石。

（2）以德治为标识，全员全过程、全方位实施正面引导

“以德治为标识”指将教师关心、保护、支持学生成长作为学生管理的日常运行方式。“法治是离不开德治的”，因为支撑法律体系的“基本的、总的指导思想和出发点，是具有道德意义的”，法律法规不可能给人的言行提供面面俱到的准绳。在法治治不到的地方，就要靠道德来调节。无论什么样的法律，都是要靠人来建立、靠人来执行的。法治搞得好不好关键在人，关键在于有没有一批高素质的执法者。

在学生管理过程中，教育者秉持高尚品德管教学生并且注重培养学

生的道德品格，能够彰显学生管理的人本关怀，争取学生及公众对学生管理的尊重和拥护，减少围绕学生管理引发的家校冲突，有效降低学生管理的监督成本。

首先，教育者应该是受过良好教育的、值得信赖的。国家要全面加强师德建设，通过持续开展师德师风教育、严肃处理违反教师行为准则的案例、稳步改善教师待遇和工作条件、选树表彰教书育人楷模等做法，多措并举，打造“学高为师、正身为范”的高素质教师队伍，激发教师师德修养的自觉性，从源头上保障学生管理和全部教育教学活动中的道德“供给”。

其次，每位教师要从“教书”与“育人”相辅相成的角度全面理解教育者职责，自觉承担起支持学生道德社会化的育人使命。教师要参与制定、完善学校德育要求和学生管理规定的全过程，严格遵守教师职业道德准则和学生管理规章中的禁止性规范，在学生管理中杜绝出现侮辱学生人格、体罚或变相体罚学生等偏差行为；认真履行关爱学生、为人师表等倡导性规范，了解并尊重学生的成长特点和个体差异，养成注重师表示范、师爱感化、心理辅导、榜样激励、欣赏鼓励等积极学生管理习惯，努力为学生创设合乎规则、彰显支持、充满滋养的成长环境；认真观察、细致了解每一个学生（尤其是出现学业困难或者违规行为的学生），为学生提供力所能及的帮助，带领学生回归身心健康发展的正常轨道。

再次，学校要健全学生管理中的思想引导机制，培养学生自己管理自己的意识和能力。学校要克服对要求学生遵规守纪、严格按标准扣分等刚性方式的依赖，转而通过德育课和班团队活动等载体开展系统而生动的学生管理规章教学，利用公告栏、黑板报、校园广播等加强规章宣传和正面典型报道，引导学生体悟规则的价值和意义，做到“知其然”且“知其所以然”，在理解规则、认同规则的基础上遵守规则，实现认知、情感、行动相互支撑，逐步做到自主自制。

最后，学校要加强与家庭、社会机构的联系，构建家庭、学校、社会协同的育人共同体。尽早向家长传播以积极管教为主、以消极规训为辅的家庭教育理念，帮助家长掌握制定正当家庭规章、营造积极成长环境、担当子女成长榜样、开展正面亲子沟通、丰富家庭生活主题的有效方法并形成习惯。丰富与社会机构的交流，通过聘请社区优秀成员担任校外辅导员、举办校园开放日、组织学生开展社会实践和社区服务性劳动等方式，将“请进来”与“走出去”巧妙结合，吸引尽可能多的社区成员关心、支持、指导、督促学生养成健康、文明、进取的生活方式和行为习惯。

(3) 以培养自律为宗旨，温和而坚定地实施教育惩戒

“以培养自律为宗旨”指以促进学生理性发展、培养学生道德自律作为学生管理的最终目的。道德发展心理学研究表明，个体规则意识的形成是一个基于个体与环境相互作用的建构过程，如果引导个体对成长过程中所犯的错误加以反思、评价和改造，就能发挥促进道德观念建构、提高问题解决能力的积极作用；“违规即罪错”“有错就要罚”的思维和孤立的依赖奖惩的机械训练方法压制了学生的自主选择、探索和推理，不利于学生的理性发展。教师要增加对学生偏差行为的宽容度，加强对学生成长规律的研究，冷静地从学生自身和环境条件两个方面分析学生行为的成因，有的放矢地改善环境条件，采取包括对话、训练、奖惩在内的多种有针对性的措施，全方位指引学生的思想观念和行为方式，促使学生逐步意识到道德规则的真正意义并且出于义务而自主遵行规则，经由他律走向自律。

由此可见，惩戒是完备的学生管理规章的必要元素，是维护学生管理规章权威性的必要安排，也是为达到促进学生发展这一良善目标而不得不实施的“恶”。在运用教育惩戒这一典型的法治手段时，教师尤其要在细节处落实德法共治，使依法依规惩戒学生的过程体现教师的高尚品德和真挚师爱，实施要点可以概括为温和而坚定。温和意味着尽可能

少地采用惩戒方法，在不得不实施惩戒时优先选择对学生侵害最小的惩戒方式。坚定意味着前后一贯，常抓不懈；公平合理，一视同仁。教师要细致观察学生，做好对学生不当言行的早期识别，开展有针对性的指导、帮助、纠正；尽最大可能把违规学生保留在教室、校园内，减少惩戒对学生受教育权及其他权益的伤害；做好惩戒过程中的人本关怀，及时识别学生在经受惩戒时的恐惧、愤怒、无助等心理波动，警惕惩戒可能引发的消极后果。教师要提升教育惩戒和学生管理智慧，突破板起面孔说教的传统形式，积极引入情景模拟、角色体验、伙伴教育、团体辅导等新颖形式，力争通过较低强度的教育惩戒发挥尽可能大的教育功能，促使学生尽快改过迁善，转变思想观念和行为方式。

3．通过宣传教育等有效渠道普及大学生的法律知识

高校要加强对学生的指导和引领，强化学生“自我教育”，培养其自主意识，增强其自我约束能力，使其真正对自己的行为负责，促进高校学生管理工作以学校管理为主逐渐向以学生自主管理为主转变，促使学生认识到自己的责任、与学校之间的法律关系，清楚自己的权利与义务，维护自己的合法权利。

二、学生管理法治化的实施

（一）深化学生管理法治环境建设

1．强化高校学生法治化管理的理念

（1）应强调从管理学生转向服务学生的理念

传统观点认为，高校与学生之间是管理者与被管理者的对立关系，随着社会的发展，高校与学生之间形成了集教育、管理、服务于一体的新型关系。高校作为教育、管理、服务行为的实施者，应从学生现实需要出发，践行以学生为本的管理理念，积极转变自身角色，强化学生管理工作的服务意识，不断完善服务功能，通过突出学生主体地位来提高学生参与学校管理工作的积极性。强调以生为本，必须尊重学生，强化

服务意识。高校学生管理必须从单纯的强制管理向强制管理与人性服务相结合转变，此转变并不意味着要削弱高校的管理职能，而是为了弥补强制管理在以育人为本的高校人才培养过程中所无法实现的功能，通过强制管理和人性服务的结合，刚柔并济，将管理和服务最终都落脚到促进学生全面发展这一终极目标上来。以生为本要求高校在管理与服务过程中必须重视学生的个性，把发展学生个性、培养学生创新精神放在突出位置。

（2）应强调从约束学生行为转向保障学生权益的理念

高校学生管理工作法治化的直接目的是保护被管理学生的权利。学生作为自然人兼具受教育者和公民的双重主体身份，他们既与学校发生教育行政法律关系，拥有行政权力，也与学校产生平等主体的民事法律关系，拥有民事权利，更有作为普通公民应当享受的受教育权等一些公民基本权利，这些权利是任何组织和个人不得侵犯的。高校必须逐步改变对学生地位的认识，充分意识到学生不再是单纯的管理对象，更是众多民事与行政权力的主体，必须以维护学生的法定权利为出发点，不断增强教育管理行为的规范性。

2．营造法治化管理的环境氛围

学生管理工作法治化的重点在于学校作为管理者要转变观念，要以法律意识、法律观念来实施所有的管理行为；学生要有民主意识和法律意识，积极发挥学校主人翁的作用，要用法律意识和思维来评判和参与学校的管理。高等学校要积极落实全面依法治国在依法治校方面的要求，把法律课程列为高校学生必修课，做到法律知识进人才培养方案、进教学计划、进教学课堂的“三进”，做到法律课程教材、法律授课教师、法制辅导员三落实。

（二）规范学生管理正当程序

一般情况下学生管理正当程序应当包含公布与解释学生管理制度、告知具体管理的行为、听取学生（管理相对人）的意见与想法、说明学生管理行为的理由、接受学生申诉救济等基本内容。针对学生和教职工进行的制度学习与解释是有效推动法治化管理的必备环节，是学校实施具体管理行为的依据，有助于增强师生法治意识，无形中推进法治化进程；管理行为的告知，要求高校实施管理行为须通过一定程序向学生相对人进行展示，确保学生知晓管理行为，管理行为告知应包括管理事项、管理决定及其理由、救济等具体内容；听取当事人意见在学校制定学生管理具体制度与政策、对学生实施不利或影响其权益的处置行为时尤其重要，是必经程序；说明管理行为的理由，指在学校作出对学生合法权益产生不利影响的行为时，必须说明事实根据和制度依据，这既是对学生权益的保护，也是弥补学生弱势地位，构建形成学校、学生二者平等地位的程序要求。

三、学生管理法治化的监督

(一) 学生管理“立法”的监督

根据高校学生管理规范的分类，“立法”监督应当包括国家层面立法的监督和高校内部“立法”的监督。在此主要分析校内规范制定的监督。高校内部层面学生管理自治规范的制定是校内立法的过程，要真正做到校内的“科学立法、民主立法、依法立法”，除了对立法工作提出制定标准与流程外，对立法工作本身的监督也必不可少。一是对校内立法者立法能力的监督，要监督校内立法的参与者是否具备相应的公文和法律文书写作能力，是否熟悉教育法律规范，是否掌握一定的学生管理经验；二是要监督立法过程是否执行了既定的学生管理制度建设规范标准和法定程序，是否严格执行了调研起草、民主征求意见、审查审稿、审议通过、公告发布等基本程序，是否落实了学生参与的民主机制。

(二) 学生管理“执法”的监督

一是要对管理行为的主体进行监督，监督其是否主体适格，要监督其是否属于有权作出该类管理行为的主体，要监督其是否属于能作出该等级管理决定的主体，防止发生无权管理、越权处理的情形。

二是要对管理主体运用法律规范和自治规范是否适当进行监督。要监督管理主体适用规范性文件是否准确，适用规范性文件的条款是否准确，是否与事实相符，是否符合管理行为自由裁量的限度范围。

（三）学生管理“救济”的监督

救济是权益受损主体运用法治武器保护自己的最后手段，有权利必有救济，无救济的权利是无保障的权利，但若空有救济的形式，无法发挥救济的实质效用，权益主体最后的法治武器将会失去意义，权益保障也名存实亡。因此救济的监督是避免权益人权益受损的最后一道防线，是权益主体最后的保护伞，也是管理法治化体系的重要构成。根据高校学生管理救济方式自身的分类，监督也可分为行政救济的监督、司法救济的监督和调解救济的监督等形式。

对于行政申诉救济的监督，基于高校现状，一是要监督高校是否建立了申诉救济机制，是否明确了救济受理机构和受理范围，是否形成规范的工作规则；二是监督救济机构是否能正确履行职能，是否能真正发挥维持公平与正义的作用，还是纯属作为学生发泄不满情绪、缓解双方矛盾的机构。

对于司法途径的诉讼救济，目前普遍认为还需要进一步梳理好司法救济介入教育教学管理行为的限度问题。

通常认为，对于高校因学生违纪原因实施行政权力的管理行为，司法介入的广度和深度要更加全面，而对于高校因学生学业与学术评价等原因实施的学术权力的管理行为，司法介入应该只能是管理行为的程序要求，而非实体性评价。因此，诉讼救济的监督主要围绕矛盾冲突是否属于司法救济范围以及诉讼活动本身是否符合实体正义和程序正义的要求展开。

调解救济的监督主要是监督双方是不是真实意思的表示，是否存在欺诈、隐瞒或显失公平的情形。

四、学生管理法治化的保障

（一）始终坚持党的领导

党的领导和社会主义法治是一致的，社会主义法治必须坚持党的领导，党的领导必须依靠社会主义法治。我国高校实行党委领导下的校长负责制，党的领导是实现高校学生管理法治化体系的保障。高校办学的根本问题是培养什么人和怎样培养人。这个目标任务如果没有党委宏观把握，大学的办学方向就会迷失。因此，在深化高等教育改革过程中，推进依法治校就不能弱化党的领导，必须旗帜鲜明地把党的领导与依法治校统一起来。

（二）加强法治化管理队伍建设

在校内自治规范制定活动中，基于对学生权益影响的重要性，对于"介入性校规"，即带有行政色彩的规范性文件的制定必须有法律专业人才的参与，而且针对该类制度的制定实施，在校内进行专业审查实为必要，司法审查可以在诉讼活动中附带进行。在校内审查活动中必须有专业法律人士参与、论证，要确保制度本身的合法性、合理性，防止法治化建设的源头错误。

在自治规范具体适用调整学校和学生关系时，因为学生管理队伍更多为教育领域专业人员，一般情况下不应做法律专业的过多要求，但是在涉及学生重要权利或重大利益的处置活动中必须谨慎对待。例如在学生处分决定、学籍处理、学业评价、学位授予等活动中要作出对学生不利的决定时，必须有专业的人士参与，以保证活动过程实体正义和程序正当都能符合法治要求。

（三）加强校园法治文化建设

高校学生管理工作法治化需要校园法治文化的保障，法治文化既包括师生意识隐性文化，还包括校园环境、制度等显性文化。全校师生要遵法守法，让法治文化成为推动高校法治管理的内生动力和行为规矩。弘扬社会主义法治精神，建设社会主义法治文化，增强全社会厉行法治的积极性和主动性，形成守法光荣、违法可耻的社会氛围，使全体人民都成为社会主义法治的忠实崇尚者、自觉遵守者、坚定捍卫者。

高校法治文化建设的目标是通过一系列教育、宣传、实践、体验活动让广大师生强化法治观念，形成法治信仰。高校要通过教学课堂、专题班会、讲座报告、政策宣讲等多种方式深入开展师生法治教育。高校法治文化建设还应注重显性环境的熏陶与营造，可以通过张贴法治标语、设置法治展板、建设法治文化长廊、文化墙、文化柱、文化广场等方式加强文化传播阵地建设。

高校还可以打造法治文化品牌活动，充分发挥素质教育课程体系激励作用，通过学生社团和社会实践，鼓励创作以法治为主题的文艺作品，选取消费者权益日、知识产权日等法治教育重要时间节点，打造“普法剧场”“模拟法庭”“寻找宪法日青年”等法治教育品牌活动，使学生在法治实践教育活动学分课程中获得学分认证的同时，进一步扩大法治宣传教育活动成果，在师生中形成较大影响，无形中增强师生法治的道德底蕴，强化法治规则意识。

（四）将考核机制法治化

党的领导为高校学生管理工作法治化提供了坚强的政治保障，校园法治文化为高校学生管理工作法治化提供了微观的法治环境，专业的法治人才队伍为高校学生管理工作法治化建设提供了人才支持，完备的校内自治规范、正当高效的法治执行、严密的法治监督，从立法、执行、救济、监督各环节全面推动高校法治化建设走上正常轨道。在高校这个基层组织，除了常规的日常工作年度考核外，考核评价也是推动重点任务、重点工程、重点项目的重要措施。

将高校学生管理工作法治化纳入学院重点工程进行专项考核、将学生管理法治化纳入学生工作专项考核必将为高校学生管理法治化进程提供充分的动力和压力保障。

将学生管理法治化情况纳入学生工作专项考核，制定学院学生管理法治体系建设指标，从自治规范的完备性、合法性对“立法”工作进行评价，从学生管理具体行为的准确性、程序正当性、学生满意度等方面对“执法”工作进行评价，将学生申诉情况纳入监督评价体系，将法治文化宣传教育活动和成效、法治文化环境和师生法治理论水平建设纳入法治保障评价体系，通过专项考核和年度考核形成高校学生管理法治化的状态数据，通过数据对比促进各单位法治建设工作水平。

将领导干部法治化推进情况纳入领导干部年度考核，将领导干部落实建设责任、传递建设压力、分析研究建设形势、部署建设任务、开展校内自治规范的“废、改、立”等工作，严格按照自治规范行使职权等情况纳入领导干部考核排名，增加考核结论在干部聘任和提升工作中的力度。

第四章　高校学生事务管理

第一节　学生事务管理模式的理论基础

一、我国高校学生事务管理的理论基础

（一）素质教育理论基础

1. 素质教育理论的内涵

素质教育是指从培养有理想、有道德、有文化、有纪律的社会主义接班人出发，以全面培养受教育者高尚的道德情操、丰富的科学文化知识、良好的身体和心理素质、较强的实践和动手能力以及健康的个性为宗旨，让学生学会做人、学会劳动、学会健体、学会审美，使学生在德智体等方面得到全面协调发展的教育方针和教育活动。它重视人的思想道德素质、能力培养、个性发展、身体健康和心理健康教育。素质教育以提高国民素质为根本宗旨，以培养学生的创新精神和实践能力为重点，把德育、智育、体育、美育等有机地统一在教育活动的各个环节，培养和增强学生的自主意识，促进学生的全面发展和健康成长。

2. 素质教育理论与高校学生事务管理

我国高校学生事务管理在全面推动素质教育的进程中发挥了巨大作用。它对学生的思想道德素质教育、业务素质教育、身心素质教育和文化素质教育产生了重大影响，对增强学生的创新精神和实践能力具有不可估量的意义。高校和学生事务管理者应该以全面提高学生的基本素质为根本目的，尊重学生的主体性和主动精神，以人为的性格为基础，注重开发学生的智慧潜能，形成学生的健全个性，使他们成长为有理想、

有道德、有文化、有纪律的新生代。

（二）和谐发展理论基础

1. 和谐发展理论的内涵

和谐发展是指人类在物种平等思想指导下，自觉汲取大自然的生存和发展智慧，使组成生态系统的各子系统之间以及各子系统内部、不同部分之间良性互动、协调共进，从而使生态系统不断优化，为未来进一步发展积蓄能量。它的构成要件是和谐与发展。和谐是指构成各子系统的诸要素自身的和谐、子系统内部要素之间的和谐及各子系统之间的和谐。发展是指构成各子系统的诸要素自身的发展、子系统内部诸要素之间的发展及各子系统之间的发展。和谐内涵的本质是共同发展，只有关系和谐，才能实现共同发展。

2. 和谐发展理论与高校学生事务管理

和谐发展理论作为一种哲学理念和社会追求，对高校学生事务管理具有重要的现实指导意义。它要求学生事务管理者一方面要注意学生身心的和谐发展，帮助学生养成健全的人格；另一方面要注意学生自身与周围环境和社会的和谐发展，重视学生与社会之间的和谐互动，培养他们诚信、公正的道德理念，养成对自我行为的负责意识和能力，实现个人发展与社会发展的具体统一，促进社会和世界的和谐发展。

二、学生事务管理的新媒体应用

（一）大学生事务管理应用新媒体的必要性

新媒体的广泛普及已经对大学生的学习生活、行为习惯等诸多方面产生了深远的影响，而以大学生为服务对象的大学生事务管理工作也随之受到影响。与此同时，新媒体的应用也为学生事务管理的发展创新带来了机遇。无论外部服务对象的要求还是内部创新发展的需要，在学生事务管理中应用新媒体都十分必要。

1. 新媒体对大学生的积极影响

（1）拓宽了大学生获取信息的渠道

大学生传统的信息获取渠道主要是报刊、电视、广播。新媒体的到来，为大学生信息的获取提供了更为便捷的渠道，其多元性也使得大学生获取的信息资源更为多样化，极大地拓宽了大学生的知识面。新媒体也因此成为现在大学生获取信息的最主要方式。

（2）增强了大学生学习的自主性

新媒体为大学生提供了丰富多样的信息资源，同时，大学生可以在新媒体提供的丰富的信息资源中遴选出自己感兴趣的部分以及对自己所学专业有帮助的部分，使学生在传统的课堂学习之外得到补充和提高。更为重要的是，学生由传统课堂被动地接受知识转变为使用新媒体主动地探求知识，大大提高了学习的自主性。

（3）提高了大学生的人际交往空间

关于大学生使用新媒体的用途调查数据显示，新媒体已经在大学生的人际交往中占据了非常重要的地位。新媒体的便捷性、平等性和匿名性使得大学生在与他人交往时不再受到时间、空间、年龄、性别等条件的限制，有助于更好地表达内心真实的想法。大学生还可以通过新媒体找到更多与自己志趣相投的人，人际交往空间被大大拓展。

（4）充实了大学生活

大学生还可以利用新媒体提供的虚拟空间释放心中的压力，有助于帮助大学生保持心理健康。除此之外，大学生可以通过使用新媒体进行娱乐放松，也丰富了大学生的课余生活，使大学生活更加充实。

总体来说，新媒体的使用使大学生能够更好地了解时事、学习知识，大大拓宽了知识面，也使得大学生在探寻专业知识的道路上更加积极主动。同时，新媒体为大学生的身心健康发展带来了重要的影响，拓宽了大学生的人际沟通交往渠道，并大大地丰富了课余文化生活。

2. 应用新媒体是学生事务管理发展的需要

（1）新媒体给学生事务管理带来新的挑战

1）新媒体对大学生的价值观念造成影响

新媒体的信息多元性和传播即时性等特点为学生提供了大量复杂的

信息，而这些信息中很大一部分都没有经过筛选，由于大学生尚处在人生观、价值观形成的阶段，对信息缺乏甄别能力，在面对这些未经过滤的信息时极容易受到一些负面信息的影响，从而对学校的正面教育效果产生影响。

2）新媒体对大学生的心理健康造成影响

新媒体为大学生提供了一个与现实世界不同的虚拟世界。在这个世界里，学生可以和素未谋面的人自由地进行互动和交流，也可以在虚拟世界中宣泄自己在现实世界中被压抑的情感；而由于缺乏束缚，也容易让人忘记道德和社会责任，在虚拟世界任意放纵自己。长期沉迷于新媒体塑造的虚拟世界，使得大学生与现实世界脱节，极易产生心理问题，也影响大学生人际关系的发展，造成人格障碍等问题。

3）新媒体对学生事务管理工作者的权威造成影响

新媒体的匿名性和平等交流性等特点，使得学生在隐藏身份的情况下就可以任意发表意见和看法，例如，当极个别学生对学校的某件事有看法或对教师有偏见时，通过新媒体匿名发表言论，甚至扭曲事实、颠倒黑白，这些信息非常容易在学生中间产生不良影响，更严重的甚至会破坏学校的秩序，对学校的公信力造成影响。

（2）新媒体给学生事务管理发展带来的机遇

1）新媒体为学生事务管理提供了新的平台

新媒体作为学生事务管理的新载体，打破了很多传统学生事务管理的限制：一是打破了传统学生事务管理工作时间和空间的限制，学生事务管理工作可以更加灵活地开展。二是新媒体的信息多元性和传播即时性为学生事务管理工作提供了丰富的资源，学生事务管理工作者可以利用多种手段开展工作。学生事务管理工作者可以利用新媒体提供的多样化信息传递和表现形式，以图文并茂的形式对大学生进行引导和教育。

2）新媒体有利于学生事务管理方式方法的创新

新媒体打破了传统教育单向灌输的局面。新媒体的应用，使学生不再处于传统教育中的从属地位。学生可以通过新媒体平等地与教师和学生事务管理工作者进行交流，表达自己的意见和诉求，使教育可以更加贴近学生需求，更加符合“以人为本”的教育理念。学生事务管理工作者可以通过新媒体及时了解学生的思想状况，例如应用QQ动态、微信朋友圈等新媒体工具掌握学生的实时动态，并通过QQ群、微信群等工具及时将对学生的政策、要求、通知等信息传达给学生。新媒体大大丰富了学生事务管理的手段，为学生事务管理工作提供了更为便捷有效的方式。

3）新媒体提高了学生事务管理工作的实效性

新媒体为学生事务管理工作者和学生之间架起了一条更为便捷、快速的交流渠道。学生事务管理工作者在开展工作时，能够将工作内容通过新媒体快速传达给学生，大大提高了工作效率。同时，学生也可以通过新媒体将自己的想法和意见反馈给学生事务管理工作者，这有利于学生事务管理工作者及时发现工作中存在的问题并予以修正，使学生事务管理工作更为有效。

（二）学生事务管理应用新媒体的分析

1．学生事务管理应用的新媒体形式

近年来，新媒体已经在高校的学生事务管理中得到了广泛的应用，应用的新媒体形式也比较多，不仅有专门的学生事务管理网站系统，还有专门用于学生事务管理的QQ群、微信群、微信公众平台、微博等。

2．学生事务管理应用新媒体涉及的内容

高校使用新媒体开展学生事务管理涉及的内容越来越广泛，目前已经覆盖了大部分学生事务管理的内容。

（1）以新媒体为载体开展思想政治教育工作

学生事务管理人员通过新媒体发布用于思想政治教育的信息，通过新媒体了解和掌握学生的思想动态，如通过学生的个人微博、QQ动态、微信朋友圈等了解学生最新的思想状况，关注的时事及个人观点等

情况，并根据掌握的情况有针对性地进行思想引导。

（2）以新媒体为载体开展学生管理工作

目前新媒体已经被应用到学生事务管理工作内容中的招生、学籍管理、奖励、突发事件等多方面。例如，当发生突发事件时，学生事务管理人员第一时间在新媒体上发布官方消息，避免事件在学生中误传、谣传引起不必要的质疑。在开展学生评奖评优工作时，将参评学生的相关信息在新媒体上进行公示，确保了评优评奖工作的公开、透明，学生如有异议可以通过新媒体反馈给学生事务管理人员。在传统的迎新生工作中，学生往往只能通过随录取通知书寄送的入学指南、新生手册等途径了解学校，在入学后才能慢慢对学校有直观的了解，很多学生管理工作也只能在新生入校后才可以开展。应用新媒体后，学校可以在向新生寄发通知书时向新生提供可供咨询和交流的新媒体平台，如迎新生网站、QQ群、微信群等，既可以向新生展示学校环境，让新生提前熟悉校园，还可以解答新生的疑惑，同时学校还可以将一些学生管理工作如学生信息登记，相关规定的学习教育等提前完成，让学生入校前先入学，减轻了开学时学生事务管理工作的负担，提高了工作效率。

（3）以新媒体为载体开展学生服务工作

一是以新媒体为载体开展学生心理健康辅导工作。学生在出现心理问题的时候，往往碍于面子和心理压力不愿找心理健康教育教师咨询，导致心理问题恶化。在学生心理辅导工作使用新媒体平台之后，学生在出现心理问题时，可以用匿名的方式通过新媒体平台进行咨询，毫无压力地将真实情况反馈给专业的心理教师，更有利于心理问题的治疗。二是以新媒体为载体开展学生生活服务工作。学校的学生服务部门如食堂、学生公寓可以通过新媒体了解学生的意见和需求，例如，学生通过新媒体平台反映食堂饭菜的口味、价格等问题，食堂可以根据学生反馈的意见进行改进，有利于其更好地为学生提供生活服务。三是以新媒体为载体开展学生就业服务工作。学生事务管理部门通过新媒体将最新招聘信息提供给学生，学生可以实时了解市场的人才需求，便于充分准备。同时，学生工作人员可以通过新媒体平台建立在校生与毕业生的交流渠道，让成功毕业生与在校生分享求职和工作经验，学校还可以通过新媒体对在外实习学生进行管理，实时了解学生实习情况，不再受地域的限制，可以帮助学生更好地完成实习工作。高校已经将新媒体广泛地应用到学生事务管理中，并在一些具体的学生事务管理工作中较好地发挥了新媒体的作用。

（三）高校应用新媒体开展学生事务管理工作的建议

1. 加强重视，创造良好的新媒体应用环境

高校管理者的态度决定了学生事务管理工作能否在新媒体环境下得到创新和发展。高校管理者应当转变传统的管理理念，以积极的态度看待新媒体对学生事务管理工作带来的影响，从思想上提高对新媒体的重视程度，为新媒体在学生事务管理工作中发挥作用提供良好的环境。

（1）认识到新媒体对学生事务管理工作的重要性

新媒体的诸多特性使其在被广泛应用的同时为学生事务管理工作带来了发展机遇。新媒体为学生事务管理工作提供了新的载体，其开放性使得无论高校学生工作者还是学生都可以通过新媒体发布信息，其便捷性也使工作开展不再受时间和空间的限制，学生事务管理工作的平台变得更加广阔；新媒体丰富了学生事务管理方法，其多样性使得学生工作者可以用更生动形象的方式向学生传递信息，其平等性也使学生能够和学生工作者通过新媒体平台更好地交流，便于学生工作者更好地了解学生的思想动态，进而更好地为学生的成长提供帮助，学生事务管理工作的方式和手段得到了丰富；新媒体提高了学生事务管理工作的实效性，新媒体提供的虚拟平台使大学生可以毫无保留地表达内心的真实想法，让学生工作者能够走进学生的心里，在开展工作时可以更好地为学生个体提供服务，提高了学生事务管理工作的实际效果。

新媒体的功能为学生事务管理工作提供了新的路径，丰富了学生事

务管理的手段和方法，提高了学生事务管理工作的效率。而目前，高校学生工作者也只是利用了新媒体的一部分功能，新媒体所提供的平台和更多的技术并没有得到充分发挥。因此，学生事务管理工作要想在新媒体环境下创新和发展，就必须将新媒体作为学生事务管理工作新的载体来对待，而不应该把新媒体当作简单的工具。

综上所述，应用新媒体开展学生事务管理工作既是发展的需要也是形势所迫。高校管理者和学生工作者必须清醒地认识到新媒体对学生事务管理工作的重要性，才能在新媒体环境下取得学生事务管理工作的创新和发展。

（2）加大对学生事务管理新媒体建设的投入力度

1）增加对新媒体应用的资金和技术投入

目前，高校在应用新媒体开展学生事务管理工作时，仅应用了新媒体的部分功能，新媒体的优势和强大的功能没有得到很好发挥。究其原因主要是两方面：一是没有新媒体专门资金投入，学生工作者在使用新媒体时只能使用其免费对外开放的部分简单功能开展工作；二是没有专门的技术投入，目前学生工作者中的大部分人没有掌握新媒体技术，在使用新媒体的时候就无法对新媒体的特性和功能进行深度挖掘。因此，要确保新媒体在学生事务管理工作中发挥载体作用就需要高校增加相关的资金和技术投入，鼓励和支持新媒体相关研究工作的开展。

2）加强专业的新媒体学生事务管理工作队伍建设

新媒体在学生事务管理工作中发挥作用的关键在于使用者，要求使用者具备学生事务管理工作经验、掌握新媒体技术，还要掌握心理学、传播学等相关知识，同时还要具备较高的媒介素养。而目前各高校使用新媒体开展学生事务管理工作的多为辅导员、学生处和团委教师，由于他们自身就承担了繁重的工作，少有时间对新媒体开展研究，在使用时很多时候也是在学生骨干的协助下完成的，这就使得新媒体发挥的作用大打折扣。因此，高校应该建立一支专门从事新媒体研究和应用的学生事务管理工作队伍，由他们负责学生事务管理工作新媒体平台的建设、维护和使用。同时以专带兼，由专职的新媒体应用人员对普通一线学生工作者进行培训，提高他们的新媒体应用能力。

（3）建立完善的学生事务管理新媒体管理机制

1）加强新媒体平台的信息监管

新媒体的开放性和匿名性使得信息的来源和可靠性都无法得到保障。大学生还在人生观、价值观形成阶段，心理尚未成熟，对事物的甄别能力不强，在面对新媒体上的信息时很难分辨真假，容易被误导甚至出现非理性行为。因此，高校应该加大新媒体信息监管力度，实时监控并及时删除不良信息，防止在学生中产生不良影响，从源头上保障新媒体环境。

2）加强大学生媒介素养教育

新媒体时代，大学生已经不单单是信息的接受者，他们也可以在新媒体平台自由发布信息、表达观点。而大学生正处在世界观、人生观、价值观形成的时期，缺乏信息的甄别能力，如果盲目地在新媒体上发表个人观点，容易造成不良影响。因此，高校应该加强对大学生的媒介素养教育，采用“网上”“网下”教育相结合的方式，“网上”通过推送媒介素养教育的相关知识营造良好的新媒体氛围，“网下”开设专门的大学生媒介素养教育课程，让学生掌握媒介素养的知识和使用新媒体的技能，并针对学生关注的热点问题及时开展正面引导和教育。

3）培养意见领袖引领新媒体环境健康发展

学生中的意见领袖都具有较大的影响力，他们对待事物的观点、立场往往能引起很大一部分学生的共鸣。他们也更了解普通学生关注的热点和对某一事件的看法，而他们对事件的看法影响着该事件在学生中的舆论走向。因此，充分发挥学生意见领袖的作用，有助于引导新媒体环境向健康的方向发展。

2. 统筹规划，构建科学合理的新媒体平台

目前大学使用的新媒体形式多样，大学生事务管理工作应用的新媒

体形式和数量也比较多。为了保证新媒体能够符合学生事务管理的需要，在现实工作中能够发挥切实的作用，避免新媒体平台因重复建立或利用率不高等问题降低工作效率，在选择和建立新媒体平台时应注意形式的选择和平台布局的合理性。

（1）应用的新媒体平台形式要合理

当前大学生应用的新媒体形式多样，功能不尽相同，学生事务管理应用的新媒体形式也纷繁复杂。为确保用于建立学生事务管理平台的新媒体形式符合科技发展形势和学生事务管理工作的需要，在选择新媒体形式时要注意两个方面的要求。

一方面，新媒体的形式应选择目前高校学生普遍能够接受并广泛使用的形式，如网站、微信、QQ、微博等新媒体。尽量减少使用新媒体平台所受的终端、网络等方面的限制，确保学生事务管理新媒体平台在建立后能够方便广大学生和学生事务管理工作者使用。

另一方面，新媒体所提供的功能应能够满足复杂的学生事务管理的需要。学生事务管理工作者应当对当前主流的新媒体形式的特性、功能进行深入研究，结合学生事务管理的内容和需求，选择能够满足学生事务管理需要的新媒体形式。例如，针对学生管理工作中的学籍管理、基本事务管理、评价、奖惩、资助管理、纪律管理、生活管理、突发事件处理、党团管理等工作内容的需要，可以选择交互性强、可以实现复杂逻辑功能的网站系统；在利用新媒体平台开展学生服务工作时，则可以选择互动性、即时性强的微信、QQ 等新媒体形式；在开展学生日常思想政治教育工作时，则可以选择即时性强并带有信息推送功能的 QQ 群、微信公众平台等新媒体。选择合理的新媒体形式构建学生事务管理平台是新媒体在现实学生事务管理工作中切实发挥有效作用、提高学生事务管理效率、促进学生事务管理发展的重要保证。

（2）建立的新媒体平台布局要合理

为保证新媒体平台能够成为新形势下学生事务管理的有效载体，切实促进学生事务管理的发展，在实际应用中避免平台重复建立、涉及的工作内容不全等问题，在新媒体平台进行设计和建立时应注意两个方面的要求。①新媒体平台的设计应由校级学生事务管理部门统一规划。在设计之初应根据学生事务管理内容的要求和学生事务管理工作者的实际需求进行详细的需求分析，确保新媒体平台建成后在功能上和涉及的工作内容方面有一定的独立性，避免各平台之间工作重复，确保新媒体平台的高使用率。②各新媒体平台在逻辑关系上应相互联系，在功能和内容上相互补充，确保新媒体的功能覆盖学生事务管理的全部内容，切实成为学生事务管理的新载体。

3. 把握特性，充分发挥新媒体的载体功能

（1）以新媒体为载体开辟思想政治教育的第二课堂

新媒体在大学生中的广泛应用给学生的思想政治教育工作带来了巨大的影响。学生接收信息和发表言论的渠道被大大拓宽，学生对国家最新政策或社会热点事件一旦理解产生误差并通过新媒体发表个人看法，非常容易在学生中产生不良影响。因此，与传统学生思想政治教育工作相比，新媒体环境下的思想政治教育工作无论在时间上还是空间上都被无限延伸。针对这一现状，应以新媒体为载体建立学生思想政治教育的“第二课堂”，充分利用新媒体传播即时性、信息多元性的特点开展学生的思想政治教育工作，一方面，将国家及学校的相关政策、要求以便于学生接受的形式图文并茂地发布在新媒体平台上。例如，学校将“两学一做”的内容和要求解读后以漫画图解的形式发布到微信公众平台上并推送给学生，让学生更直观地了解“两学一做”是什么、自己该怎么做；另一方面，学生工作者通过学生的QQ动态、微博、微信朋友圈等新媒体了解学生关注的时事热点、对事件的看法以及学生个人思想动态，如果是学生群体性的问题，则有针对性地将该事件进行解读并通过新媒体平台发布，如果是学生的个人问题，则通过新媒体渠道单独对学生进行辅导。同时，将新媒体平台上发布的教育信息通过平台自身的推送

功能，借助学生事务管理工作者和学生干部以及其他的学生意见领袖转发传递到学生手中，确保学生的参与度，提高“第二课堂”的教育效果。

应用新媒体开展思想政治教育工作有两个重要的关键点：一个是教育内容的吸引力，原版思想政治教育的内容往往比较晦涩，学生很难直观地了解，如果再以简单的文字形式发布，很难引起学生的关注。这就需要学生事务管理工作者花费时间和精力对教育的内容进行解读，转化成学生易于听懂的话语，并充分利用新媒体的特点，以图片、文字、视频、音频等相结合的方式进行发布，让学生感觉到教育的内容变得新颖、生动，更容易接受。另外一个就是把握学生使用新媒体的习惯，在学生使用新媒体的时间段将信息推送给学生，确保教育内容在学生中的覆盖面，否则信息很可能被其他新媒体消息覆盖，达不到教育目的。

（2）以新媒体为载体建立学生管理工作的新平台

学生管理工作的内容包含招生、学籍管理、基本事务管理、评价、奖惩、资助管理、纪律管理、生活管理、突发事件处理、党团管理、学生组织建设及活动开展等方面。这些工作多属于静态的事务性工作，内容多且复杂。高校应当针对学生管理工作的特点和要求，结合新媒体的特性，利用网站系统建立学生管理工作平台，将学生的学籍管理、评奖评优、党团发展、请销假等与学生息息相关的日常事务工作转移到新媒体平台上。例如，学生奖学金评定工作，学生事务管理工作者将评奖评优的相关信息在学生管理网站上进行公告，学生根据个人情况按要求在网站上填写相关申报材料，学生工作者统一对申报的学生在网络上进行审核并对入选学生信息进行公示，最后评选出奖学金获得者。使用新媒体平台让学生管理工作更加公开透明，学生可以实时了解相关工作开展情况并对部分工作进行监督，同时也省去了相关工作的层层通知、上报环节，大大提高了学生管理工作的效率。

（3）以新媒体为载体创新学生服务工作的新方法

学生的心理辅导、生涯规划指导、就业指导等服务工作需要学生事务管理工作者与学生个体进行实时的单独交流，同时还需要一定的保密性。例如学生在出现心理问题时，往往不愿意让周围的人知道。虽然各高校都有专门负责学生心理健康的教师，但很多学生心理上是比较排斥的，究其原因，一方面学生在出现心理问题时，本身就比较自卑不愿意与人谈及，另一方面在面对教师时，由于身份的问题心理上存在一定压力。因此，实际上高校负责学生心理健康教育的部门并没有充分发挥作用。而新媒体的平等性、匿名性、互动性与学生服务工作的需求不谋而合。大学生事务管理工作者可以利用QQ、微信等即时通信工具建立学生服务工作的通道，例如，为学生开通专门用作咨询心理问题的QQ账号，学生在出现心理问题时，可以通过QQ匿名向学生工作者进行咨询，既可以让学生工作者掌握学生真实的心理状况，又避免了面对面咨询给学生带来的压力；建立专门用于学生就业指导服务的微信公众号，为学生提供市场实时就业信息，同时针对市场需求及时告知学生该如何做准备，另外开辟专门的就业指导频道，由学生事务管理工作者及时针对学生个人进行个性化的辅导。

第二节　高校学生事务管理工作

一、高校学生事务管理工作指导思想和基本原则

（一）高校学生事务管理工作指导思想

1. 坚持解放思想、实事求是、与时俱进

解放思想，就是在马克思主义指导下，打破传统习惯势力和主观偏见的束缚，研究新情况，解决新问题；实事求是，就是一切从实际出发，理论联系实际，充分发挥主观能动性，努力探求客观规律，以达到主体与客体的历史的、具体的统一；与时俱进，主要是指人们的思想观念、意识形态、行为方式要随着社会的发展、时代的变化而不断发展变

化，与时代的前进步伐保持同步。与时俱进，就是党的全部理论和工作要体现时代性，把握规律性，富于创造性。它具有马克思主义的理论品质，是对党的思想路线的丰富和发展，是我们党确立的创新思维方式的核心，是超越，是创新，是发展，是更高意义上的解放思想和实事求是。

解放思想、实事求是、与时俱进，三者是内在统一、一脉相承的。实事求是的要求就是解放思想，解放思想是实事求是的前提和条件，观念僵化和思想保守永远不可能达到实事求是；而与时俱进则是解放思想和实事求是的结合和统一。它既要以实事求是为前提，又要以解放思想为条件。与时俱进，不是盲目的乱进或急躁的冒进，它是建立在实事求是的基础之上的，没有对实际情况全面、深入、透彻的了解，没有对客观规律的切实把握，就不可能做到与时俱进；如果思想不解放，总是受传统观念和习惯势力的影响和束缚，就会故步自封，循规蹈矩。解放思想、实事求是、与时俱进，是中国共产党在不同历史时代条件下所取得的思想智慧精华，是总结长期革命和建设经验的宝贵精神财富，是马克思主义的精髓，是中国当代的马克思主义，体现了我们认识世界和改造世界的根本要求，是我们探索改革开放和社会主义现代化建设规律，特别是完善社会主义市场经济体制过程中必须遵循的思想认识方法和原则。

因此，在当前国内外形势错综复杂，社会发展突飞猛进，新事物、新观念、新思想层出不穷的情况下，高校学生事务管理工作就应充分体现时代性，学生事务管理工作者应解放思想、实事求是、与时俱进，了解时代发展的特点，更好地把握社会发展的方向，完成时代赋予学生事务管理工作的历史使命。

2. 坚持以人为本，贴近实际、贴近生活、贴近学生

以人为本，是马克思主义的基本观点，是马克思主义关于未来社会的本质规定。马克思、恩格斯依据唯物史观的伟大发现，从活生生的

人、历史行动中的人出发，深刻揭示了人类存在的真实本质：人就是人的世界，就是国家，就是社会，人类发展的目标在于通过人并且为了人而对人的本质的真正占有，是人以一种全面的方式占有自己的全面本质。在此基础上，马克思还进一步构想未来社会是以每个人的全面自由发展为基本原则的，在未来社会中，每个人都能得到自由全面的发展。马克思关于人的创造本质和关于未来社会发展的论断，从最一般意义上对以人为本思想作最根本的规定和最有力的说明，直截了当地表明人的世界和社会是要以人为本。

以人为本，从根本上说，就是要坚持以人为中心，把人摆在第一位，以促进人的全面发展，或者说就是以人为基础，以人为前提，以人为动力，以人为目的。高校是社会的有机组成部分，是造就有理想、有道德、有文化、有纪律，德智体美全面发展的社会主义建设者和接班人的重要场所。学生事务管理工作的根本任务就是启发学生的自觉性，调动学生的积极性，激发学生的创造性，这就要求学生事务管理工作要以人为本，更多地关注学生的需要，更好地尊重学生、关心学生，就是一切要以学生为本，一切为了学生，为了一切学生，为了学生的一切，弘扬学生的主体性和价值性，把学生的健康人格、自由、平等、幸福和全面发展作为学生事务管理工作的终极目标，培养学生公平、宽容、诚信、自主、自强、自律意识和观念。

(1) 把人本理念贯穿学生事务管理工作全过程

学生事务管理工作每个环节、每个方面都对学生存在影响，要培养全面发展的人，必须把人本理念贯穿在学生事务管理工作全过程。

第一，制度设计人性化。高校学生管理工作是依靠一整套规章制度来实施的规章制度，一旦制定就具有刚性，谁违反了谁就会受到处罚。学生管理工作要以人为本，就必须在制度设计初始贯彻人性化理念，要体现人性化思想，要合乎学生身心发展规律，符合人才培养模式，而不能走向反面，即压抑学生个性发展。高校学生规章制度设计要体现人性化思想，可充分吸收管理客体参与，听取他们的意见，还可以采取类似听证的办法，扩大制度设计的参与面，并且在执行过程中如发现不合理的地方应及时修订。

第二，管理手段和方式人性化。手段和方法是制度的操作层面，好的制度还要靠良好的手段和方法执行，方能发挥好的效果。通常来看，学生管理手段有教育手段、激励手段和行政处分手段，管理手段的选择要以人为本，教育手段和激励手段应是我们主要的管理方式，而处分手段则是前面两者的补充。凡是经教育能改正的，尽量不要处分，即使是非处分不可的，也要尽量给学生一个改错的机会。高校的管理手段还要多用正面激励方法，少用批评方法，这样可能效果会更好。

第三，管理过程人性化。管理活动是一个过程，人性化更多地体现在管理过程中。在管理过程中，管理者与被管理者要平等交流沟通，这是人性化的重要体现。在管理过程中，要建立学生参与制度，要建立畅通的反馈渠道，保证给学生一个充分说话的权利；要坚持公开、公正和公平，凡与学生相关的规章制度都要让学生知晓，凡与学生利益相关的事项要实行公示制度；要注意保护学生的自尊，充分考虑到学生的隐私。

（2）把尊重学生作为工作的前提

要把学生作为独立的成年个体对待，学校及各部门与学生是一种平等的关系。学生可通过不同途径参与学校行政，学生代表参与学校的决策和管理事宜。学校根据学生个性需求的多样化，把了解学生作为工作的出发点，以学生的需要来确定服务的内容和形式，进而增强工作的针对性，提高服务质量；主动倾听学生的意见，搜集学生的意见，从学生反馈的意见中发现工作中存在的不足和问题，明确亟待改进的方面；保持与学生的密切关系，了解学生的校园生活，了解社团建设，了解学生每一时期的热门话题和思想状况，为更好地服务学生奠定坚实的基础。

（3）管理要服务于学生

学校的教学与管理以学生为对象，离开了学生就没有学校，这决定了学校工作要服务于学生，应成为管理的内容之一。随着免费教育制度的废弃，学生缴费上学，学生的身份已变得复杂起来，学生不仅是通常意义上的受教育者，同时也是教育服务的消费者，学生不仅开始思考所接受教育服务与他们所支付的学费是否等值的问题，而且开始以消费者的身份主动要求学校提供更符合他们需要的教育服务。这就要求大学生管理工作要与时俱进，更新观念，从管理学生向服务学生转变，增强服务意识，更多地着眼于为学生发展提供服务，从一切为了学生、为了一切学生、为了学生一切的目的出发，为学生诚心诚意办实事，尽心尽力解难事，实心实意做好事。

（二）高校学生事务管理工作的原则

1. 法治性原则

在很长一段时间内，高校和学生之间的关系具有强烈的权力关系色彩，学生只是消极的被管理者，学校对学生的管理尤其在纪律惩戒方面，拥有较大的自由裁量权，高校与学生之间的地位是不平等的，学生的正当权益没有得到充分重视。随着我国实施依法治国，全面推进依法治校的深入，大学生事务管理工作必须依法实施，高校管理权要规范合理使用，学生的利益和权利要充分给予保障。这既是大学生事务管理工作的基本要求，也是大学生事务管理工作的基本职责。

（1）学生是不受任何怀疑的法律主体

学校与学生不仅是一种教育与被教育的关系，而且是一种服务与被服务的关系，更是一种主体与主体的法律关系，这种法律关系主要包括行政法律关系和民事法律关系。但在这种基本法律关系中，学生均处于弱者地位，因此必须坚持以人为本，切实把学生作为权利主体，公正地、平等地处理与学生的关系，使学生作为法律主体得到彰显，以保障学生的合法权益得到实现。同时在学生管理中公正地、平等地善待每一个学生，尊重学生权利，坚持做到有管有放、有宽有严，为学生的全面发展创造最佳条件。

(2) 建立完善学生管理的各种规章制度

规章制度不能与国家的法律、法令相抵触，而且要照章办事，违规必究。制定校纪校规时必须坚持民主思想，开辟各种民主监督渠道，让学生通过各种形式发表自己的意见。学生可以通过参与讨论通过学生组织，或直接向相关部门表达自己的主张，参与有关管理制度的制定，还可以向上级教育行政部门反映。作为学校管理者，要依法对学生进行管理，严格依照法律和规章制度办事，自觉用法律法规来规范自己的言行，尊重和保护学生的权利，同时要在依法管理中充分体现人文关怀和人文精神，充分尊重学生的主体地位、人格和权利，为学生的全面发展创造最佳条件。

(3) 遵循管理正当程序，畅通诉讼渠道

要通过正当程序管理过程，规范权力的运行秩序，使权力的行使遵循、符合法治精神的规范步骤和方式，避免管理运行的无序性、偶然性和随意性，保证管理行为的合法性和高效性。没有正当程序，受教育者在学校中的机会平等是难以实现的，其合理的请求权、正当的选择权和合法的知情权就难以得到保障和维护。为此，要改变过去的“重实体、轻程序”的做法，明文规定符合现代法治精神的严格程序，如原告的申诉、举报程序、调查程序、专门委员会听证并作出处罚前建议的程序、被告辩解和申诉的程序、具体实施处罚的程序等；要规定有效证据的范围，包括有关物证、证人签名的证言、有关单位的综合材料、违纪学生的检查书等；要引入事前的正式听证程序，尤其是涉及学生重大权益的处理决定在作出前应听取学生或其代理人的陈述和申辩，要给学生自我辩护的机会和对有关事实和证据的质认权、确认权；要明确处罚通知送达的期限和送达回证期限，完善学生申诉制度，明确受惩戒学生的申诉期限、时效和学校受理申诉的机构、申诉条件及学校行政决定的合理期限，保障学生的申诉权落到实处。

2. 教育与管理相结合原则

教育要着眼于人的思想，使学生形成一定的政治观念、法律观念和道德观念等，管理的目的在于规范学生的政治行为、法律行为和道德行为。教育是通过内在的思想来管理人，管理是通过外在的约束来教育人。教育之中有管理，管理之中有教育；教育贯穿于管理工作的始终，管理工作有赖于教育提供条件和支持；有时管理的过程就是教育贯彻落实和深化的过程，有时教育的方法和手段，又以管理的另一种形式表现出来。教育和管理犹如人的两只手，两者相辅相成，缺一不可。高校学生事务管理工作既不能只教育不管理，也不能只管理不教育，而是要既重视管理，又重视教育。一方面，管理一定要以正确的教育为基础，没有教育，没有循循善诱的分析，没有动之以情的说理，管理就让人难以接受，甚至让人产生反感、抵触情绪，当然也就难以发挥作用。因为管理活动的展开和管理目的的实现要通过教育奠定思想基础。高校学生事务管理工作的对象是掌握一定科学文化知识的具体的人，只有通过教育提高学生的思想认识和觉悟，使他们在较深层次上明确管理的目的和意义，才能提高他们遵章守纪的自觉性和主动性，以利于管理活动的顺利进行和管理目标的成功实现。否则，即使管理制度再完善，手段再先进，措施再周密，效果也不会好。另一方面，教育也要通过管理来实现。思想是行动的先导，行动要靠管理来规范。教育不落实到管理上，就无法使人们在接受管理的过程中受到教育和熏陶，教育也就失去了意义。要把教育工作的内容和要求渗透到管理之中，赋予教育以更多的硬性约束；同时，管理之中要体现教育精神，提高管理者的人文素质，赋予管理以更强的教育功能，这样互补互促，达到塑造人、引导人、规范人的目的。

3. 平等性原则

平等性原则，既是社会主义民主制度的根本要求，也是高校学生事务管理工作自身的客观要求。在高校学生事务管理工作过程中，能否坚持平等的原则，主要取决于高校学生事务管理工作者是否能正确处理与大学生的关系。

现代控制科学理论认为，建立施控系统与被控系统之间的同步平等的关系是最优控制关系，这种最优控制关系可以取得最佳控制效果。因此，在学生事务管理工作过程中，建立学生事务管理工作者与工作对象——广大的青年大学生之间的平等关系，是最优的控制关系，它可以使二者之间相互协调、相互配合，形成工作过程中的双向传导结构。这种结构，不仅有学生事务管理工作者向青年大学生传递信息的通路，而且也有青年大学生向学生事务管理工作者传递信息的通路。学生事务管理工作者和青年大学生之间没有绝对的界限，学生事务管理工作过程是学生事务管理工作者和青年大学生双向互动的过程，这种最优化的教育结构，可以得到最佳的效果。

学生事务管理工作者和青年大学生的平等关系，是建立在二者相互尊重基础之上的。学生事务管理工作者必须尊重青年大学生，爱护青年大学生。学生事务管理工作说到底是通过各种方式向青年大学生提出这样或者那样的要求。那么要让青年大学生按学生事务管理工作者提出的要求去做，首先就要有一个对待他们的态度问题，也就是要以尊重为前提。尊重人，主要是尊重对方的人格、思想感情，对对方持信任、关怀的态度。一般来说，学生事务管理者比较喜欢先进的青年大学生，而对于落后的青年大学生，特别是有一些劣迹或过错的青年大学生则往往采取不信任的态度，更谈不上尊重、关心和爱护，这是不公正的。事实上，落后的青年大学生更需要学生事务管理者的信任和尊重，去医治他们心灵的创伤。

4. 激励性原则

激励是指调动人的积极性，诱导人的行为，发挥人的内在潜能，促使人们为实现某一既定目标而努力的过程。其核心是激发人的积极性，促使人们持续不断地围绕目标而奋斗，它是人产生内动力的源泉。学生工作需要激励参与其中，激励能够促使学生把外部刺激内化为学生个体自觉的行为，从而改变学生的行为模式，变“要我做”为“我要做”，最大限度地调动学生的主动性积极性，最终使学生工作取得理想的效果。贯彻激励原则主要体现在以下三个方面。

（1）运用目标激励

目标激励是指教育者设计具体目标，从而调动受教育者积极性的一种方法和手段。目标对人的行为有着规定作用、导向作用和凝聚作用，能使人产生方向感、使命感和探索感。美国心理学家佛鲁姆的期望论揭示，目标对于激发一个人的动机具有一定的影响。一个人一旦确定了目标，就会激发出极大的热情，产生强烈的动机，以顽强的意志投入到实现目标的具体实践中去。学生工作者要指导学生根据自身的兴趣、爱好、个性特点、知识水平和社会的实际需要确定个人行为目标。

（2）运用赏识激励

心理学研究揭示，每个人都有被他人或社会认可的心理需要，这种心理需求一旦得到满足，便会成为一种鼓舞、鞭策、催人奋进的动力，推动个体积极行动。成功能给人带来良好的情绪体验，会增强进取的信心，进一步激发更高尚的动机。反之，失败往往导致不愉快的情绪体验，会使人产生焦虑感、自卑感，丧失完成任务、目标的决心和信心。因此，学生事务管理工作者要少一点批评，多一份表扬，要根据学生的特点、特长，经常为学生提供、创造展示自我才能和体验成功的机会，并对学生取得的点滴成绩，及时给予热情的鼓励和真诚的表扬，使学生获得成功的喜悦心理体验，尝到奋斗的甘甜，从而增强学生进一步奋斗的自信心和自觉性，鼓舞学生的斗志，激发学生的热情，促使学生向新的目标前进，成为追求新的成功再获奖励的动机与力量。

（3）运用使命激励

加强对学生进行形势政策教育，让学生正确认识到改革开放以来我国社会主义建设取得的伟大成就，正确认识当前中国发展的国际政治环境和背景；加强对学生进行历史爱国主义教育，使学生认识到落后就要挨打的残酷事实，充分理解个人命运和国家命运紧密相连，息息相关。

这样就会使学生增进对祖国、对社会主义、对人民的情感，使学生产生历史紧迫感、民族责任感、社会使命感，认识到自己肩负的历史使命，使学生自觉地把自己的命运和国家的发展联系在一起，从而产生远大的理想、抱负和坚定的信念，形成强大的动力，推动学生发愤图强，积极主动地学习。

5. 继承创新原则

继承优良传统与改进创新相结合，是指在继承学生工作优良传统的基础上，积极探索新形势下开展大学生工作的新途径、新办法，努力体现时代性，把握规律性，富于创造性，增强实效性。

学生工作的开展是一个历史过程。历史不能忘，传统不能忘，忘记了历史就会使现实成为无源之水，无本之木，就等于背叛。长期以来，高校学生工作积累了许多成功经验，需要发扬光大。优良传统固然不能忘，但面对新形势、新任务，要增强实效性，充分发挥高校学生工作教育人、引导人的作用，就必须求真务实，与时俱进，不断改进创新。当前，国内外形势错综复杂。一方面，随着经济全球化和世界一体化趋势的不断加强，国家之间的联系日益密切，大量国外文化和价值观念涌进大学校园。另一方面，随着我国改革开放的深入和市场经济体制的建立，经济成分和经济利益多元化、社会生活方式多样化、社会组织形式多样化、就业形式多样化将进一步发展。这使大学生工作既面临有利条件，也面临严峻挑战。在这种形势下，还是按照过去的方法显然是行不通的。

在高校学生事务管理工作过程中，真正实现继承优良传统与改进创新的有机结合，必须处理好以下两个方面的问题。

(1) 树立平民教育意识

在观念上，随着高等教育事业的不断发展和高校扩招人数的快速增加，我国高等教育已由“精英教育”阶段转向“大众教育”阶段，高校学生事务管理工作者所面对的教育对象也发生了很大的变化：他们不再仅仅只是最优秀的群体，不再只是“社会精英”“天之骄子”，而是一个十分普通的正在接受大学教育的公民群体，因此，高校学生事务管理工作必须树立“平民教育”意识，进而提高高校学生事务管理工作的效果。

（2）创新机制

社会变迁与教育对象的变化必然要求高校学生事务管理工作机制有所创新。高校学生事务管理工作机制是指在高校学生事务管理运行过程中，各构成要素由于某种机理形成的因素联系和运转方式。这个机制的作用受社会经济、政治、文化、心理等机制的影响，也受工作对象——青年大学生发展水平的制约。当前，高校学生事务管理工作机制的创新，一是要回归本位，体现人文主义关怀。这就要求高校学生事务管理工作以热爱学生、关心学生、解决学生学习生活中存在的实际问题和发展学生的创新精神以及提高学生的思想素质、实践能力为中心而展开。二是要开放、宽容，体现学生的主体性，以充分调动学生的积极性，从而顺利实现高校学生事务管理工作的目标。三是要充分利用现代化工具，形成高校学生事务管理工作网络机制。

二、不同类型高校学生事务管理

大学由于历史与现实各有侧重的不同选择，导致了各个大学的组织目标与价值取向的不同。根据高校办学所达到的水平、组织目标与价值取向不同，我国高校大体可分为：研究型、教学研究型及教学型。不同层次大学的综合实力和学科发展水平的差异，决定了学生的特点、组织结构不同，学生事务管理模式的侧重点也应有所不同。

（一）研究型高校学生事务管理

1. 研究型高校学生事务管理模式的特点

研究型高校学生事务管理作为高校管理中的重要组成部分，具有非研究型高校学生事务管理模式的共同特点，如规范性、时效性和可操作性等。但是，与非研究型高校学生事务管理模式相比，研究型学院学生管理模式又具有自身所特有的与其学生群体特点相适应的特点。

(1) 实施柔性化矩阵式组织结构

柔性化的矩阵结构是一种既有纵向联系，又有横向联系；既讲分工，又讲协作，有效地把组织管理中的垂直联系和水平联系、集权化和分权化结合起来的，以工作任务为目标的组织结构。在研究型高校学生事务管理中，柔性化的矩阵结构为创造一个良好的学科交叉的生态环境和学术氛围提供组织保障。学科组织的边界变得灵活和松散，减少了行政权力对开展学科交流的阻碍。在这种柔性化的矩阵结构下，宽松的学术氛围和自由的环境有利于师生的思想创新、公平竞争，也更有利于学生管理者对学生进行教育、管理工作。

(2) 学生事务实行目标管理

研究型高校将自身的管理目标与学生自我发展目标相结合，在学校入学时让学生明确自己的任务，然后给学生宽松的空间进行自我管理、自我教育、自我成才，进而达到目标管理的要求。同时，根据学生的个性特点和自身发展要求，管理者将之与学校目标相结合进而形成了一个统一的成才目标。学生管理者与学生之间是双向的互动关系。

(3) 实行导师制或导师组制

导师制或导师组制是导师对学生的学业、品德及生活等方面进行个别指导的一种制度。那么，本科生导师制是指在实行辅导员制的同时，聘请有教育管理经验的教师在师生双向选择的前提下担任本科生的指导教师，对学生进行思想政治教育、法纪教育、诚信教育和文明教育，帮助学生树立正确的世界观、人生观和价值观，及时了解学生思想动态，解决思想上的困惑和排除心理障碍；指导学生根据社会需要和自身兴趣、特点，正确认识自己，合理定位，确定发展方向，有针对性地选修课程，制订学习计划，发展个人特长；教育学生发奋读书，端正学习态度；帮助学生解决生活中遇到的实际困难，适应大学生活和环境。

2. 研究型高校学生事务管理模式的优势

(1) 重视学生创新与科研能力的培养

研究型高校贯彻“以研究为本的学习”，使学生的实践能力在整个培养过程中得到充分的提升和彰显。学生事务管理也是围绕这一宗旨开展的。在追求创新的环境中，研究型学院学生管理工作非常重视学生个性的发展，在全面发展的前提下鼓励创新、在规范要求的基础上支持冒尖和发展个性，努力培养具有鲜明个性的创新型人才。通过实践育人、科研育人，努力挖掘学生的创新潜能，从而实现创新型人才培养的目标。在教师的研究课题中，还经常分配些任务给学生，让他们一起参与其中。除此之外，还聘请知名的科学院院士、企业家为客座教授，培养学生的创新思维，接受新鲜事物。

(2) 注重学生的自我管理与发展

研究型高校通过建立完善的规章制度体系、科学化的制度外塑学生主体意识。注重培养学生的主体意识的某些行之有效的内容和方法，以完善的规章制度形式固定下来，把学生思想和行为全方位地纳入德育工作的视野，从而推动学生主体意识培养的制度化和规范化。研究型高校教师的角色正在积极由“教”向“导”转变，由领路人向指导者升华，学生角色由认同者向探索者转变，不断提高学生自我管理与自我发展的能力。

(二) 教学研究型高校学生事务管理

1. 教学研究型高校学生事务管理模式的特点

(1) 实施扁平化事业部制组织结构

教学研究型大学作为教学型大学与研究型大学之间的中间层次，既有教学型大学组织结构的特点，又有研究型大学组织结构的特征，同时，也具有教学研究型大学自身鲜明的特色。从大学组织结构的角度看，教学研究型大学是一种扁平化的事业部制结构，也就是我们通常所说的学院制：管理权限下放到学院，使学院有一定的财权、人权和调控权，相应地学院的学生管理工作就更容易开展，各个学院针对自身学生的特点进行学科资源的整合，制定一系列的政策和奖励措施，鼓励和促进学生工作的开展。

(2) 学生事务实行过程管理

教学研究型高校从学生入校开始就注重对学生的管理和教育，从注册、选课、上课、课外活动到寝室生活、考试再到毕业等一系列的过程，学生管理者对学生进行紧跟控制和管理。教学研究型高校学生事务管理，在管、教、导的三个环节中，将管和教放在同等重要的位置，排除了重管轻教、以管代教的问题；紧紧围绕提高学生的综合素质、加强学风建设这一中心任务，充分发挥各个系统的管理职责并形成整体功能。

(3) 管理与服务并重，学生参与度高

在教学研究型高校过程管理中，学生管理者认识到在进行教育管理时，更应顾及学生主体性发展的特点，强化全心全意为学生服务的意念，注重与大学生进行信息和情感的交流，实现工作方式由单纯的管理向双向的服务指导转变。教育、管理与服务是学生管理工作并行不悖的三大基本工作职能，也是人才培养的重要手段。

2. 教学研究型高校学生事务管理模式的优势

教学研究型高校学生事务管理把教书育人、服务育人、管理育人的责任落实到人，形成学生教育管理工作的合力，实效性较强。从学生入校开始就注重对学生的管理和教育，从注册、选课、上课、课外活动到寝室生活、考试再到毕业等一系列的过程，学生管理者都对学生紧跟控制和管理。在过程控制中，学生管理者和学生之间交流密切，管理者很容易了解学生的思想状况和起伏变化，能及早地发现问题并加以解决，将事情处理在萌芽状态。同时，在管理过程中，服务和引导又加深了学生和管理者的关系，形成良好的循环。

(三) 教学型高校学生事务管理

1. 教学型高校学生事务管理模式的特点

(1) 科层组织结构

教学型高校的组织特征是学校主导型、管理垂直化。从学生招生到学生毕业，从教学计划到课程安排，从专业设置到教育资源的配置，从组织机构到人事分配，从制定政策到监督管理等都是由学校安排和调控的。其组织形式为金字塔式，学校按照严格的规章制度，通过行政方式逐级向下贯彻，最终传达到每个学生管理者再到各个学生。在教学型大学的这种管理模式中学术权力的影响力比较弱，科学研究和学术发展的权重相对于教学而言也比较轻。因此，教学型大学的学生管理水平主要取决于学校的管理层，尤其是校长的管理水平和办学理念。

（2）注重实践和实用教学

教学型高校教学与管理的全程具有很强的实践性。教学、实验、实习等几乎都需要和社会实践联系。实践性环节多的特点，为学生管理工作者开展工作提供了更多的途径。在进行学生思想政治工作的过程中，将思想政治教育渗透到学生的实训和生产实习中，利用不同行业工作者的积极思想教育学生，以优秀工作者为典范教育学生，培养学生养成良好的工作精神，培养学生养成良好的团队协作精神。

3. 教学型高校学生事务管理模式的优势

教学型大学学生事务管理注重对学生社会实践的锻炼。教学型大学培养的是高技能的熟练应用人才，学生管理者的管理策略是紧密联系用人单位，紧跟市场的人才需求。在学生学习的各个阶段组织学生到用人单位实习，不仅使学生的知识得到了检验，而且对学生就业起到了至关重要的作用。

第五章　高校学生管理工作理念的探索与创新

第一节　高校学生管理工作理念创新的意义、内涵

一、高校学生管理工作理念创新的意义

（一）高校教育创新的意义

创新是一个民族进步的灵魂，是国家兴旺发达的不竭动力。为了实现中华民族伟大复兴和完成社会主义教育事业的历史任务，必须不断推进包括高校学生管理工作在内的教育创新。

1．高校教育创新是时代发展的要求

当今世界，科学技术突飞猛进，知识经济已见端倪，国际竞争日趋激烈。人类社会发展到今天，相对于物质资源，人力资源成了第一资源；相对于人口数量，提高人的素质成了第一要务。在人的素质中，创新精神和实践能力是其重点。科学技术进步，越来越依赖于科技创新；知识经济发展，越来越依赖于知识创新；国际竞争说到底是人才的竞争，是民族创新能力的竞争。无论科技创新、知识创新，还是民族创新能力的提高，最关键的是人才。而人才的成长靠教育，其中高校教育是非常重要的阶段。高校可以说是培养高素质人才的重要基地，进行教育创新从而适应时代对人才的需求，这对高校而言无疑将具有非常重要的意义。

2．高校教育创新是社会主义现代化建设的需要

目前，我国已经进入加快推进社会主义现代化的新阶段。面对新形

势、新任务、新问题，最根本的是坚持体制创新，大力推进经济体制、政治体制和文化体制改革，逐步消除经济、政治和文化建设的体制性障碍，为经济、政治和文化发展注入新的活力。而体制的创新，取决于理论创新和人的创新精神和能力，最终取决于创新人才的培养。高校教育是知识创新、传播和应用的重要基地，也是培育创新精神和创新人才的重要摇篮。无论在培养高素质的专业人才方面，还是在提高创新能力和提供知识、技术创新成果方面，高校教育都具有独特的重要意义。高校承载着人才培养与输出的重大职责，只有不断推进教育创新，才能为我国的现代化建设提供更多的富有创新能力的人才。

3. 高校教育创新也是高校教育自身发展规律的必然要求

党和政府高度重视教育工作，我国教育事业取得了举世瞩目的伟大成就，实现了历史性跨越。高等教育毛入学率已接近大众化水平，高等教育已迈入大众化阶段，高校管理体制和后勤社会化改革取得了突破性进展，教育质量和办学效益不断提高。这些都是高校教育改革创新的结果。但是，我国高校教育与发达国家水平相比还有较大差距，与社会主义现代化建设需要相比还有较大差距。我们的高等教育思想、教育体制和结构、教育内容和方法，和社会主义市场经济体制不相适应的矛盾和问题，正在日益暴露出来。其中，既有不少过去从未遇到过的崭新问题，也有一些无法回避的深层次矛盾。解决这些问题和矛盾，没有现成的经验和方法，根本的出路在创新。

（二）深刻认识高校学生管理工作理念创新的重要性

1. 创新学生管理理念是新形势下做好学生管理工作的首要条件和客观要求

随着改革开放的深入和市场经济的发展，学生对各种思想、文化的接受和选择有了更广阔的空间，社会上的各种思想和价值观念必然对当代大学生产生巨大的影响，给学生管理带来新的挑战。同时，我国大学教育的管理现状，还存在着许多不适应之处，突出表现在许多教育管理人员仍沿袭传统的单一模式和思维习惯，原有的以学校和教师为中心、忽视学生主体性的管理模式，使学生管理面临新的困境。

2. 创新学生管理理念是新形势下做好学生管理工作的逻辑起点和必要前提

当前的高等教育正由精英教育向大众化教育阶段跨越式发展，既要把学生视为接受教育的对象，又要把学生当作管理服务的主体；既要严格管理规范，又要重视教育引导；既不能一味追求意志统一，又要充分保障学生权益；既要强调集体观念和社会需要，又要趋向于人的个体需求与素质发展。因此，21 世纪的高校学生管理首先必须对管理理念进行创新，并把这种理念创新当作高等教育大众化条件下学校管理工作的逻辑起点和必要前提。

3. 创新学生管理理念是新形势下做好学生管理工作的应有之义和关键所在

经济建设需要人才，而培养出的人才只有为社会所接纳，并转化为生产力，才能发挥作用。时代变化激发理念变化，理念变化决定时代变化。没有先进的理念，工作就缺乏正确的导向。高校学生管理工作的现代化首先是管理理念的现代化。学生管理工作作为高校学生管理工作的重要组成部分，要求冲破传统束缚和实践障碍，解决好工作中的“瓶颈”问题。因此，从某种意义上说，理念是管理的基础和先导，是管理的核心和精髓，是做好管理工作的关键所在。

二、正确理解学生管理工作理念创新的实质与内涵

从人类历史进步的角度看问题，社会的存在是以人的存在为前提的，社会发展的动力来源于人创造历史的活动，社会发展的程度最终是通过人的发展程度来衡量的，社会发展进步的根本目的是实现人的发展。同时，人是社会赖以进步的第一重要的、起决定作用的因素，社会进步本质上是一个在改造客观世界的同时，不断改造人的状态、发展人的能力、提升人的价值的过程。

育人是学校教育的第一使命。大学最根本的职能和最核心的价值是

培养人才、促进人的发展。大学的历史使命是人的灵魂的塑造者，是主流价值观的传播者，是先进生活方式的倡导者，是人类精神交流的传递者。从大学的社会功能而言，大学应该服务于先进文化的传承、创造和弘扬，应该服务于人类社会的整体利益，应该服务于国家和民族事业的全面进步。

学生管理工作理应注重学生整体素质的提高，注重学生自由、充分、全面的发展。其基本目的是让受教育者尽可能深入、广泛、多样地了解人所处的世界，了解人自身所处的生存状态；终极目标是最大限度地挖掘自身的潜力，提高学生的综合素质，从而为人类社会的全面进步提供精神动力和智力支持。

学生管理工作理念创新的主要内容包括以下几方面。

（一）贴近学生实际，坚持精细化的管理理念

所谓“精细化管理”，就是将管理覆盖到每一个过程，控制到每一个环节，规范到每一个步骤，具体到每一个动作，落实到每一个人员。学生管理工作的一个显著特点是所管理的事务繁杂、琐细。

在精细化管理中，关键要突出一个“细”。“细”有几层含义，一是规范。严格管理规章和工作程序，坚持制度面前人人平等。二是科学。善于运用现代管理方法和信息手段，积极探索和掌握学生管理工作的客观规律。三是到位。在学生管理过程中，每一个环节必须考虑到，不忽视微小的管理漏洞。四是明确。落实管理责任，将管理责任具体化、明晰化。要求管理的过程条理清楚、层次清晰。五是深入。把工作做得具体、做得扎实，追求一种精益求精的境界，使学校的管理水平迈上一个新的台阶。

（二）整合各种资源，坚持系统化的管理理念

任何管理都是对系统的管理，没有系统，也就没有管理。系统化就是从整体上构建学生管理的系统模型和综合模块，把学生管理工作作为一个集学习机制、竞争机制、奖惩机制、决策机制、评估机制和反馈机

制等于一体的动态过程。

学生管理工作是一项系统工程。它不仅是学生工作者的责任，也是全校教职员工的责任，必须高度重视，加强领导，通力合作，形成合力，始终坚持依靠广大教职工、学生政工干部和全体学生积极参与的全员管理。必须针对不同年级的不同特点和不同个体的不同特征，将学生管理工作贯穿于学生成长成才的全过程。它又是全方位的，涉及方方面面，必须始终坚持管理即服务的观念，把解放思想与解决实际问题相结合，为学生做实事、办好事、解难事；始终坚持教育管理的理念，努力提升学生管理工作的人文内涵，强化育人效果。

（三）增强自律意识，坚持自主化的管理理念

所谓自主化管理是指在学生管理人员和专业教师的指导下，学生自我教育、自我管理、自我服务和自我发展的教育管理模式。其核心是关注人的发展，营造一种宽松和谐的民主气氛，调动学生的主动性、积极性和创造性，培养学生的创新精神和实践能力。

要充分发挥学生班团组织、社团组织和学生党支部的作用，丰富课余生活，拓宽知识面，增长才干，陶冶情操，培养特色鲜明的校园文化精神；要充分发挥学生干部和学生党员的先锋模范作用，让他们自觉地加入到学生的管理工作中来，成为重大问题的参与者、决策者，在参与管理的实践中尝试管理，学会管理，懂得管理；要充分发挥学生的主人翁精神，突出学生的教育主体意识，实现学生干部队伍自我管理制度化。

（四）以培养学生创新精神为核心素质的管理理念

这是解决高校学生工作培养什么人的问题。随着知识经济信息社会的到来，创造力将成为社会经济进步的主要动力，成为关系市场竞争成败的决定性力量，那种“唯文凭、唯分数、唯专业”传统的人才观已不合时宜。教育工作的重点应放在提高受教育者的创造力方面，通过在教育过程中对创造力的发掘、训练、强化，激发受教育者的创造热情和创

造才能，积极培养适应时代要求的创新人才。21世纪的人才应是能够适应新技术革命的挑战，能够参与全球性竞争与合作，能够主动适应、积极推进甚至引导一系列社会变革的创新人才。

（五）突出主体、开发潜能、激发创造的管理理念

这是解决高校学生工作怎样培养人的问题。传统的学生工作常常是管而不导，堵而不疏。这种治标不治本、浮在面上的学生工作方法已不能适应当代大学生的成长成才需要和现代高等教育发展形势。新形势下的学生工作要突出学生的主体地位、尊重学生个性的张扬与优化。通过理想信念教育，为学生进行自我选择和自我调整提供精神动力和行动指南；通过正面引导、反面惩戒来进行学生的需要诱导；通过动机激励、过程磨砺、利益驱动来进行学生的需要驱动等，激发创造学生内在成才动力，从道理上说服学生，让学生弄清是非，权衡利弊，从而使学生正确规范自身行为，正确选择调整自身在学习、生活中的需要结构。而教育观念要打破统一思想、统一标准、统一布局的模式，适当地提倡拉开档次，铺开阶梯，允许有部分人先走上去，另一部分人再扶上来的育人的阶梯原则。对广大青年学生，应当把他们当成能动地参加教育活动的主体，而不仅仅是教育的对象和受教育者，变以往的家长式、保姆式、灌输式的教育为以疏导、启发、自我教育为主的方式。

（六）体现互动性、层次性、整合性的管理理念

这是解决高校学生工作体制的理念问题。高效的工作体制可以激发主体的工作热情、兴趣，使主体在工作中不断产生自我满足感和成就感，从而成为主体不断产生工作主动性、自觉性、创造性的不竭动力；也可使整个工作群体形成团队意识、协作精神。传统的高校学生工作体制存在一定的缺陷：一是体制重心的错位，造成协调、服务部门忙于应付具体事务性的工作，而无暇对整个学生工作进行协调与把握；二是体制基层的虚位，学生工作基层组织的积极性没有充分发挥出来，使整个学生工作活力欠缺，创造力不够；三是体制的整体创造力的空位，造成

领导机构、协调部门、基层组织的脱节。面对21世纪的高校学生工作必须适应培养高素质创新人才的需求，进行体制理念的创新，其中应注意三个方面：一是体制的互动性，有利于上层和基层相互激发工作活力与创造力；二是体制的结构层次性，有利于工作环环相扣，层层递进；三是体制的整合性，有利于局部服务于整体，全局指导、协调局部，发挥整个体制的凝聚力和资源整合力。具体来说，就是要形成“上”有“决策层”，总揽高校学生工作全局，把握带基础性、全局性、前瞻性的大问题，坚持社会主义办学方向和育人原则；“中”要有“协调层和监控层”，对学校总体学生工作进行具体指导、协调和监控；“下”要有“责任层和落实层”，充分发挥基层组织的积极性，实行工作重心下移，推行目标管理、量化考核的评价制度，建立竞争机制。这样整个工作网络就会形成一个动态、灵活、高效的“金字塔”型体系。高校学生工作是一个系统工程，其不仅仅是某个部门的职责所在，学校应树立“全员育人”的教育理念，形成“人人皆教育之人，处处皆教育之地”“教学育人、科研育人、管理育人、服务育人”的一个工作大格局。

（七）不断创新教育内容、服务内容的管理理念

这是解决高校学生工作具体工作内涵的理念问题。教育、管理、服务是学生工作的三大主题，但在新的时期，这三大主题的结合方式以及它们三者自身的内涵就存在理念创新的问题。传统上不同程度地存在以管理为主的工作理念，而教育、服务功能被弱化、淡化，使工作一直停留在较低层次水平。面对新的形势：高校扩招，学生人数激增，学分制的推广，后勤社会化改革，学生学习、生活的主要场所及方式都发生了很大变化等，传统的教育、管理已不合时宜，不符合青年学生的心理特征变化和他们的成长规律。高校学生工作要转变观念，逐步从管理型向教育型、服务型转变，转换工作职能。其一，要创新教育内涵理念。这是探讨学生工作教育的具体目标及教育方式等。教育是一个系统工程，不仅要加强对学生的文化知识教育，而且要切实加强对学生的思想政治教育、品德教育、纪律教育、法制教育等。要培养富有创新精神和实践

能力的人才。对于高校学生工作的教育内涵来说，就是要进行以创新教育为核心、思想政治教育为基础的全面成才教育。而教育的方法主要是从说教式、灌输式的教育向启发式、引导式、激发创造式的教育转变。因为教育本身的要义就是要把教育内容内化为学生的内在需求，变以往学生被动地接受为主动的需要。其二，要创新管理内涵理念。这是探讨学生工作管理的目标及方法。高校学生工作要从传统的以本本上的制度和手中的权力去管理的模式中走出来，注重“导向管理”。管理的内容要从点上的管理转变为整个层面的深层次管理；管理的对象要从个别管理转变为抓典型的管理；管理的依据要从校纪校规的管理上升到依法治校、民主治校的高度层次管理；管理的手段要变以直接管理为主为以宏观和导向管理为主，变教师管理为主为以学生自主管理为主，总之，就是要从被动式、强迫式的管理变为主动式、民主式的管理，从管理为主的工作模式走向以教育、服务为主的工作模式。其三，要创新服务内涵理念。这是探讨学生工作服务的目标及方法等。高校学生工作要从管理型的工作模式走向教育型、服务型的工作模式，要为学生的成长成才创造各种有利条件，优化校园软硬环境，最大限度地激发学生全面成才的内在动力。服务的内容要把握学生在学习、生活中不同层次、不同方面的合理需要；服务方式要在引进社区管理方式的同时，实现服务最优质化、物质利益的最小化。学生不仅是受教育者，也是教育投资者和消费者，要为学生提供各种生活服务，改善生活环境，对学生社区进行物业化管理，健全社区功能，构筑集文化、休闲、娱乐、购物、健身为一体的文化社区；提供勤工助学服务，扩大勤工助学的网络与途径，帮助困难学生顺利完成学业；提供学习服务，指导学生考研、出国、创作发明等；提供就业服务，健全信息网络，加强政策、心理、技术各方面的指导；等等。

（八）树立运用现代科技手段进行管理的现代理念

这是解决新形势下拓展工作领域的问题。网络技术的发展给传统的高校学生工作带来了新的挑战，同时也为学生工作提供了现代化手段，拓展了新的空间和途径。新形势下学生工作要转换教育观念，树立信息资源意识，主动超前接入网络教育平台，这是把握高校学生工作制高点的有效途径。网络的交互性、虚拟性、平等性、开放性等特点使学生教育管理工作也呈现新的特点，比如教育、管理方式的隐形化、个体化、咨询化和平等化等。学生工作进网络还是一个尚待深入研究的新课题，这不仅是学生工作某个方面或某个层次的创新问题，而且是互联网时代条件下高校学生工作的全面创新问题。其中至少应把握三个要义：一是要找准学生工作进网络的立足点，用正确、积极、健康、科学的思想文化信息占领网络阵地，提高学生接受正确、有益的信息，抛弃错误、有害的信息的能力；二是探究学生工作进网络的切入点，采取与大学生心理需求、生理特征及成长规律相适应的生动活泼、喜闻乐见的形式和内容；三是要把握学生工作进网络的融合点，“进”不是简单将学生工作的内容放在网上，也不是单一地把它作为技术性质的信息交换系统，而要从本质上实现学生工作与网络的融合，达到内容和形式、科技与人文的有机融合，充分发挥网络在学生工作运用中的服务功能、教化功能、引导功能和管理功能，趋利避害，规范网络道德，培养积极、健康、科学的网络文化。

第二节　高校学生管理工作理念创新的重点方向

一、高校学生管理工作应秉持契约理念

（一）引入契约理念的必要性

在我国，随着高等教育大众化时代的来临，传统的凭借高校权威实施学生管理的模式，已不适应我国高等教育的发展。高等教育收费制度以及现代民主法治社会的建立，使高校与学生的关系发生了质的变化。学生开始缴费上学，虽然学生所缴纳的学费并不足以抵消生均培养成本，但这已使高等学校与学生的关系由过去单一的纵向行政关系转变为

包括花钱购买教育服务的消费关系在内的多重法律关系。学生的权利被强调和重视，学生已成为教育法律关系中独立的重要主体，这些都要求高校对学生的管理方式也应发生相应的变革。基于高校与学生法律关系在性质上的分化，契约式管理也应采取不同的形式，并严格遵守不同形式契约的原则。

在校方提供教育服务和生活服务的过程中，高校与学生之间存在平等的民事法律关系。比如，高校与学生之间存在一定的民事合同关系。学生的报考和高校的招录，相当于合同缔结中的要约与承诺；学生入学要向校方缴纳学费，作为回报，校方应提供一定质量的教育和生活服务。在学生付费，学校及其内部机构提供服务的领域，学校与学生地位平等，若有违约则必须承担法律责任。另外，学校的内部事务管理不能侵犯学生的财产或人身权利，等等。学生身份的消费者性质，要求高校，特别是公立高校，作为教育公共部门，要提供相应的公共服务及其物质条件，其中包括承诺的教育水准、充分的校园安全、足够的教学设备、良好的学习与生活条件等。在高校提供的生活服务领域，高校不应以管理者的姿态侵犯学生作为消费者的权利。

高校和学生之间的民事服务关系，是一种平等的民事契约关系。学生享有完全的自由、平等权利，有权要求学校提供高质量的服务，例如，高校收取学生缴纳的诸如学费、住宿、生活用品、网络服务、餐饮等方面的费用的同时，还有义务按承诺提供相应的产品与服务。高校在特定范围内，特别是在确立、变更、终止民事权利与义务关系的领域，如高校提供住宿、学生缴纳费用，学生提供一定劳务、学校支付一定劳务费等，通过高校或高校职能部门与学生之间订立民事契约，达成一定目标，已成为世界各国普遍采纳的方式。从同为民事主体的角度来看，学校和学生之间应该是一种平等的关系，双方都对对方既有权利又有义务。学校在拥有对学生的管理权的同时，学生也拥有维护自己权益的权利。学校不再拥有绝对的权威，学生也不再是完全的被管理者，二者之间具有平等的地位。目前，很多高校已开始通过与学生订立合同的方式实施学生的宿舍管理、餐饮管理、网络使用管理、付费使用的校园资源管理等。然而，从大部分高校与学生签订的合同内容看，所谓的民事性质的合同大多流于形式。存在的问题主要是高校与学生签订的民事合同并未体现双方主体地位的平等，学生缺乏可选择性权利，仅规定学生的义务，缺乏学校义务性规定，高校与学生权利与义务的规定严重不对等；仅规定学生的违约责任，缺乏学校未提供合同承诺的服务的违约责任；合同的制定缺乏学生的参与，仅仅是学校职能部门意志的体现。

与此同时，在学籍、学位、考试评估、教育教学秩序维护等教育教学管理领域，高校与学生之间存在行政法律关系。依据我国法律规定，经法律法规授权的社会组织，可以成为我国行政关系中的行政主体，拥有一定的行政职权。高校就属于这一类行政管理者，依据有关教育法的授权，可以对学生进行教学管理，作出奖励或惩罚，并自主决定是否对学生颁发毕业证或学位证。在这些活动中，双方之间并不具有平等的地位，是一种强制性的命令与服从的关系。因此，从理论上可以认为，这种关系属于一种特殊的公法上的行政关系。

高校与学生行政契约关系的建立，使学生可以真正参与到高校事务中来，体现学生的主体地位，不仅可以减少潜在冲突的发生，而且可以改善高校与学生的关系，建立彼此合作、相互依赖、相互尊重、平等对话的良性互动关系和双方主体间的伙伴关系。契约的应用与缔结，使高校与学生在契约的维持下保持持续、稳定的协作关系，有利于学校秩序的稳固化。

（二）契约理念的基本要求

高校与学生之间契约的本质，既是高校用来维护教育教学秩序的手段，又是学生对高校权力进行限制的方式，这对高校以及高校学生管理工作者提出了新的要求。

首先，要求高校平等对待学生。把契约的平等精神引入教育行政领域，让学生在与学校具有平等地位的前提下商议教育行政目标的达成，使教育行政减少不平等与特权性的因素。契约的基础是双方主体地位平等、协商一致，契约的形成过程是民主的过程，契约充分体现了民主的本质与特性。现代行政本质上以民主为基础，强调公民权利、人格尊严、社会公正与社会责任，重视公民的参与，充分体现了契约的精神。现代教育行政在法律授权的前提下，具有裁量性、能动性，在学生管理中引入契约理念，不仅与依法行政具有相容性，而且可以凭借契约手段灵活应对学生管理中出现的复杂、动态和难以预见的问题。

其次，要求高校尊重相对人意志。把契约的自治精神引入教育行政，使学生有选择的权利，进行商议的过程也是其利益权衡的过程，选择是契约精神的应有之义。通过选择建立沟通渠道，这也是行政契约最突出的优点和功能。而一般行政行为缺乏沟通功能。契约作为一种制度、观念、方法，已在行政运行秩序中得以建立、吸收和广泛应用。在行政法学中，我国学者对契约能否在行政权力行使过程中予以运用或许会有不同看法，但对行政契约的存在、行政契约的特征以及行政契约的基本类型等问题的观点则大体一致。因此，考虑到教育行政的民主参与、教育行政方式的多样化和教育行政的目的等因素，应允许在高校学生管理中“讨价还价”和“议价行政”。

再次，要求高校重视学生的权利。在行政契约中同样有相对人——学生的权利。通过行政契约使高校更加尊重学生权利，同时通过学生权利的实现来制约高校的权力。考虑到高校权力制约的需要以及高校与学生之间的行政契约关系的特殊性，在高校与学生之间行政契约的缔结过程中，应有以下几个方面的限制：一是职权限制。高校必须在法律赋予的职权范围内缔结行政契约，不得越权行政。二是法律限制。高校缔结行政契约不得与法律法规的规定相抵触。三是内容限制。行政契约的目标是实现公共利益，因而行政契约的内容不得违反社会公益。由于高校在行政契约的缔结中处于优势地位，可能会导致实践中滥用职权、违法行政的情形，如高校的行政契约与其行政命令同构化，强制与学生缔结行政契约，违反应有的合意；高校滥用选择权暗箱操作，损害学生利益或国家利益。因此，必须限制行政契约的内容和目的。

在高校学生管理中强调契约精神，重视契约观念、契约手段以及契约制度，并不意味着完全以契约取代权力。高校的学生管理权力在教育法中仍然存在并发挥着应有的作用。由于契约意味着人性尊严、平等诚信、公正责任等，因而契约在高校学生管理中的引入，可以增强学校与学生的协作，提高学校教育服务的水准。

（三）高校学生管理中引入契约理念的意义

契约是一种双方或多方的法律行为，这种双方或多方的法律行为体现出不同利益的个体在维护自身权利过程中的博弈、合作、协商和对话。

契约理念除了以平等观念为前提，以自由意志观念为核心，以权利观念为基础外，还发展出协作观念、义务责任观念、诚实信用观念和法律约束观念。

第一，契约推崇平等观念，有助于限制校方权力和维护学生合法利益。平等观念是现代契约观念的前提，也是教育法的基础。对公共组织而言，公平对待每个委托人并为其提供服务比效率更重要，“法律面前人人平等”同样也包括高校与学生地位的平等。正是基于高校被授权实施学生管理的考虑，法律确定了与其地位、角色相适应的权利与义务，从而在高校与学生之间公平地设置权利与义务。尽管高校与学生在具体的权利与义务上并不对等，但这并不意味着双方当事人的地位不平等。地位的平等既有权利与义务对等的法律地位平等，也有权利与义务不对等的法律地位平等。而且按照现代契约理论和契约法的现状，绝对的对价制度事实上已不存在，契约强调的是双方的相互依赖性，权利与义务不对等不能视为双方地位不平等的理由。基于高等教育的民主性，不宜强调高校与学生主体地位的不平等和学校的单方特权。

第二，契约突出自由意志观念，有利于推动学校对学生权利与意愿的尊重。契约是双方当事人的合意，是当事人双方自由意志的一致表示，当事人的真实意愿是契约成立和产生效力的首要条件，并由此形成了契约的自由意志观念。强调自由意志观念，有利于学校尊重学生的权利与意愿，防止学校借契约的形式实施单方强制命令。这里应包括两个方面的含义：一是在教育民事关系中，高校必须尊重学生的意志，不得将行政权力的强制性延伸至民事领域中来；二是在教育行政关系中，高校学生管理规章、公约、决定等规范的制定应体现民主性，保障学生的有效参与和监督，使高校的管理真正基于社会公益。

第三，契约突出义务责任观念，有助于规范校方和学生的权利义务关系。义务责任观念是现代契约的重要组成部分，它强调权利与义务的统一，强调平等主体之间的相互责任与义务。在高校学生管理过程中，义务责任观念的确立，不只是学生对学校管理的服从，对义务的履行和对责任的承担，更主要的是强调学校对双方约定义务的履行和守法义务的承担。契约一经成立和生效，学校就必须履行契约义务，承担责任，任何特权、部门利益都不应成为免责的事由。

第四，契约突出诚实信用观念，有助于培养大学生的诚信意识。契约以诚信为基础，要求双方当事人恪守承诺，积极履行契约义务。诚信本身作为原则已超越了私法领域而进入公法领域。高校诚信观念的培育，对我国尤其具有现实意义，因为当前学生诚信观念的培育，也是高等教育的任务之一，而高校自身诚信意识的提高，无疑有助于学生诚信意识的提高。

在高校学生管理中引入契约理念规范高校与学生的关系，是高校学生管理法治化的重要途径，不但可以促进高校依法治校、依法管理的进程，而且对体现对学生的人文关怀、以学生为本和服务于学生的原则具有重要意义。

二、高校学生管理工作应秉持开放理念

（一）开放理念在高校学生管理工作中的重要意义

开放的中国需要开放的高等教育。开放的高校学生管理工作是开放高等教育的一个重要组成部分。落实社会主义核心价值观，构建社会主义和谐校园，弘扬社会主义核心价值体系，对高校学生教育管理提出了

新的要求。

开放促进了高校内部管理体制、教学方式、管理模式的改革，在学生教育管理方面呈现出以下一些变化：一是学分制地逐步实行，“同班不同学，同学不同班”人数增多，使学生由班内走向班外。二是实践课程比重增大，理论教学课时相对减少，使学生由课内走向课外。三是后勤社会化的实施，分散住宿范围扩大，使学生由校内走向校外。四是法治观念的逐步强化，使学生维权行为时有发生。五是大学国际化的推进，形式多样的国际合作办学增多，使学生由国内走向国外。六是网络的普及和便捷，已成为与家庭、学校并列的第三种成长环境，使学生由现实世界走向虚拟世界。因此，高校学生教育管理工作，必须针对上述新变化，适应开放提出的新要求，审视开放带来的新挑战，采取扎实有力的措施，将教育管理的任务落到实处。

现在的大学生有崇尚自我、张扬个性的心理，面临着成才发展要求与教育教学以及学习、生活条件相对不足的矛盾，越来越强的维权意识、自主意识与自律意识薄弱、抗挫折能力不足的矛盾，在日益开放和多样化的社会生活环境中自我价值的选择、取舍的矛盾。学生的教育管理工作应贴近学生的学习和生活，帮助他们解决成人感与孩子气、求理解与闭锁、理智与好冲动、理想化与现实性、社会多样化与信念一元化等困惑，帮助他们在包容多样中形成思想共识，在理解变化中促进健康成长。只有这样，高校学生管理工作才能得到有效的改进。

高校的学生教育管理工作是一个具有特定功能的组织系统，开放是其重要特征之一。高校学生教育管理目标的实现和任务的完成取决于学生教育管理系统内部要素的合理建构和与外部环境的物质转移、能量循环和信息交换。高校学生管理工作的开放，一是指其系统内部的相互开放，即理性提升的教育系统、规范强化的管理系统、学习生活的服务系统等子系统有分有合，资源共享，互为利用，从而促进资源配置和利用效率的提高。二是指其系统的对外开放，即对社会开放。一方面接受社会辐射，积极扬弃，争取资源，为我所用；另一方面发挥高校思想高地的作用，影响社会，引领发展，增进和谐，促进学生教育管理水平的提高。因此，在改革开放的历史条件下，做好高校学生教育管理工作，需要强化开放理念。

首先，开放理念是加强和改进高校学生管理工作的本质要求。“培养什么人，如何培养人”始终是高校孜孜不倦地思索、追求、实践的根本问题。前者要求解决好教育的理想性和现实性相结合的问题。大学教育说到底是一种“完人”的教育，和谐的人应具有社会中的共生意识、发展中的合作意识、理政中的法治意识、交往中的宽容意识和建设中的生态意识。后者则要求处理好教育的规范性和开放性相结合的问题。教育的规范性通过制度、传统、习惯、氛围等环节来体现，而教育的开放性则表现为教师与学生、学校与社会、有形教育与无形教育的互动，实现的途径就是以开放的理念推进学生教育管理开放，使大学教育成为终身教育体系的一个重要环节，成为学习型社会建构中的一个重要园地，成为与家庭教育、自我教育、社会教育相贯通的一个重要枢纽，成为学生社会化过程中的一个重要阶段。因此，推进高校学生管理开放，不仅是理性的自觉，更是现实的需要。

其次，开放理念是加强和改进高校学生管理工作的源动力。开放促进高校学生教育管理改革，推动高校学生教育管理创新。开放使高校学生教育管理工作视野由窄变宽，动力由小变大，要求由低变高，措施由软变硬，导向由虚变实，负荷由轻变重，节奏由慢变快，从而使高校学生管理工作呈现三个鲜明的价值取向：一是“三力”合一，同频共振。即国家的意志力、学校的执行力、学生的内驱力在具体工作理念层面实现有机统一，使学校的发展目标与国家的战略需求相同步，学校的教育教学要求与学校发展目标相协调，学生的教育管理举措与学校的教育要求相匹配，学生的内在需求与学生教育管理的举措相一致。二是“三成”共举，协同俱进。即成人、成才、成功在具体工作目标层面实现有机统一，使学生真正地形成在淳朴中适应、在和谐中竞争、在厚实中创新的良好品格，使高校学生教育管理工作在促进全面发展与充分发展、课堂教学与实践锻炼的内在统一上尽责有为。三是“三有”并行，交融渗透。即有情、有理、有效在具体工作操作层面实现有机统一，把爱的教育贯穿于高校学生教育管理的全过程，把理论学习、教育和实践作为高校学生教育管理的一项重要任务，把解决问题、启迪心智、引导发展作为高校学生教育工作的重要切入点。

最后，开放理念是加强和改进高校学生管理工作的重要保证。开放的高校学生管理工作具有三个特点：一是自觉性。高校学生教育管理工作的加强和改进是一个不断求真、崇善、尚美的过程。求真就是合规律，高校学生教育管理既要合教育内部的规律，还要合教育外部的规律，否则就会事倍功半。崇善就是合目的，高校学生教育管理要全面体现党的教育方针，做到让党放心、让人民满意、让学生喜欢。尚美就是合形式，高校学生教育管理要在构建社会主义和谐校园中作出更大贡献。二是自律性。开放的高校学生教育管理工作是对传统循规蹈矩、就事论事的工作方式的超越。开放不是放手不管，更不是放任自流，而是用开放的理念统揽全局，用开放的心态包容多样，用开放的举措推动工作。三是自为性。开放的高校学生教育管理有利于争取更多更好的教育资源，为我所用；有利于营造良好的环境氛围，为我所享；有利于促进教育管理队伍素质的提高，为我所为。

（二）高校学生管理工作中开放理念的基本要求

首先，应牢牢把握高校学生管理工作开放的方向性。一是要牢固树立中国特色社会主义的共同理想，引导学生自觉在党的领导下走中国特色社会主义道路，为建设民主、富强、文明、和谐的社会主义国家而勤奋学习，建功立业。二是要大力弘扬民族精神和时代精神。民族精神和时代精神是社会主义核心价值体系的精髓，只有大力弘扬民族精神和时代精神，才能使青年学生始终保持昂扬向上的精神状态。三是要深刻认识社会主义荣辱观的科学内涵，真正弄清其与社会主义市场经济相适应、与社会主义法律规范相协调、与中华民族传统美德相承接的深层关系，科学把握其先进性导向、广泛性要求和群众性基础的内在统一，促进社会主义道德体系在学生心中扎根。

其次，应突出高校学生管理开放的主导性。一是要重视思想政治理论课教学在学生管理中的主渠道地位。“教学有法，教无定法，贵在得法”，应根据大学生的认知特点，不断丰富教学手段，加强实践教学的环节，强化课程研究，确保讲出新意和特色、说出深度和规律，讲出学生想听的和我们想说的，提高教学的针对性和实效性。二是必须始终坚守思想政治教育这块学生管理工作的主阵地。坚持贴近实际、贴近生活、贴近学生的原则，把学生公寓建设成为融思想教育、行为指导、生活服务、文化熏陶为一体的“第二课堂”；加强思想政治教育主题网站建设，综合运用技术、行政和法律手段，全面加强校园网络管理，防止有害信息在校园网上传播；加强网络管理工作队伍和网上评论员队伍建设，掌握校园网舆情，引导网上舆论。三是要切实开展好党团组织活动、高品位的校园文化活动、大学生社会实践活动、科技创新创业活动和体育活动，引导学生在活动中受教育、长才干、作贡献。四是要重视学生管理工作队伍建设。做好学生教育管理工作，光靠经验和热情是不够的，必须有一批从事学生教育管理的高水平的专家。应从制度、政策、人事编制、职务职称序列上，鼓励一些德才兼备又有奉献精神的同志去从事学生的教育管理工作，让他们真正把这项工作当作一项事业、当作一门学问、当作一个可以建功立业的岗位去钻研和奋斗。

再次，应增强高校学生管理工作开放的针对性。高校学生管理要从学生最关心、最直接、最需要、最现实的问题入手。一要引导学生学会学习，变“学会”为“会学”。更新学习观念，变革学习方式，创新学习手段，提高学习效率。二要引导学生学会自强，变“助我”为“我助”。进一步落实助学贷款，设立助学奖学金，建立与就业相结合的奖学金制度，组织好学生勤工俭学。三要引导学生学会创业，变“就业”为“创业”。把培养学生的创新精神、创业本领、实践能力放在重要位置，改革教学内容和课程体系。完善鼓励和支持高校毕业生创业的制度和措施，提供创业的优惠条件，加强对创业活动的指导和管理。四要引导学生加强心理健康知识普及教育，通过宣传倡导、教育引导、活动推导、家长督导等途径，做好心理健康教育工作。加强危机干预，消除潜在隐患。

最后，应强化高校学生管理工作开放的基础性。大学历来是社会文明的源头，是引领文化潮流、传播科学思想、开创文明新风的地方，倡导和谐理念、培育和谐精神是现代大学精神的应有之义，大学应该担负起和谐社会首善之区的使命。在建设社会主义和谐校园中，要发挥高校学生教育管理工作的思想导向作用，奠定和谐校园建设的强大思想基础；要发挥高校学生教育管理工作的价值引领作用，倡导和谐校园的正确价值取向；要发挥高校学生教育管理工作的道德规范作用，构筑和谐校园的坚强道德支撑；要发挥高校学生教育管理工作的文化建设作用，形成促进和谐校园的文化环境。开放的高校学生教育管理工作必须坚持教书与育人相结合、教育与自我教育相结合、政治理论教育与社会实践相结合、解放思想问题与解决实际问题相结合、教育与管理相结合、继承优良传统与改进创新相结合。就管理而言，还应坚持从严管理和科学管理、民主管理和依法管理相结合。按照依法办学、依法管理的要求，建立起学生维权工作机制，使思想教育与维护和保障学生权益工作相统一，增强学生的权利和义务意识，使学生的各种权益得到切实维护和保障，凡是办理有关学生事务，制定出台涉及学生切身利益的政策、规定、程序，都必须通过一定渠道听取学生的意见，做到公开透明，真正建立起维护和保障学生权益的服务体系，确保培养目标的实现。

第三节　高校学生管理工作理念创新的实现途径

一、努力建立一支高效、精干、稳定、专业的学生工作者队伍

学生工作者要培养和造就高素质人才，自身必须具备较高的政治思想素质、合理的知识结构和较强的能力素质，并有较完善的自我形象和人格力量。作为学生工作者，如果放松了学习，思想就会落后于形势。因此，学生工作者要突破以往的思维定式，适应时代和高校发展的要

求，重新定位自己，只有这样才能担当培养合格的社会主义建设者和接班人的重任，开创高校学生工作新局面。

面对社会意识形态的复杂化，学生的学习、心理和就业等压力的加大，学生工作者队伍的地位和作用变得越来越重要，社会对这支队伍的要求和期望值也越来越高。一所学校纵然要有许多学识渊博、造诣精深的教授、学者，要有许多先进的教学科研设备和优美的校园环境，但如果没有高素质的学生工作者加以管理和教育，也难以培养出高质量的创新型人才。高校学生工作者作为思想政治工作的主体，在高校思想政治工作中发挥着十分重要的作用。他们面对的是具有较高文化层次、思想活跃、反应敏捷、善于独立思考、敢于标新立异、涉及的知识领域越来越广的大学生，决不能再按老框框办事，不能静等观望，而必须从现状中跳出来，对大学生培养模式的要求发挥应有的作用。

学生工作者是学生思想政治上的向导，是学生学习上的督导，同时是人际关系上的协调者和生活上的关心者。学生工作者独特的人格魅力在学生中具有一定的示范作用。学生多数远离家乡、父母，缺少关怀照顾，他们需要有人关心，更需要交流、沟通。多数学生从心理上把学生工作者作为自己的知心朋友，学生工作者往往以师长、朋友的身份处处关心、体贴学生，为他们做好服务，使学生在润物细无声中愉快地学习、生活，健康成长和成才。因此，提高学生工作者的素质成为必要。

二、提高高校学生工作者的基本素质

一支品德良好、品行端正、作风优良的学生工作者队伍，其一言一行、一举一动，将会成为学生优良品德形成的表率和楷模。因此，学生工作者必须做到坚持真理、忠于职守、为人师表、以身作则、办事公正、任劳任怨，尤其要坚持树立敬业创业精神和艰苦奋斗精神，发扬革命的献身精神和奉献精神，用自己的实际行动去影响和促进学生进步和成长。除了这种最基本的人格魅力之外，高校学生工作者要不断提高自身的思想素质、业务素质和政策水平。在当前思想观念、文化思潮多元化发展的趋势下，学生工作者必须转变观念，不断创新，应从以下几个方面着力提高自己的素质。

首先，要具备精深的思想理论素质和业务素质。通过自学、参加培训等形式，认真学习马列主义、毛泽东思想、邓小平理论和“三个代表”重要思想以及社会主义核心价值观，学习党的路线、方针和政策，学习高等教育理论与管理理论，了解高等教育改革的经验和做法，努力把握时代脉搏，提高工作的针对性和有效性。通过各种形式的理论学习和研讨，使自己从中汲取改进工作的智慧和动力，对环境的变化要有敏锐的触觉，学生工作者要不断发现新情况、研究新问题，用富有前瞻性的眼光审视学生工作实践，用理论研究的最新成果指导学生工作实践。高校学生工作者只有具备了牢固的马克思主义世界观，才能在教学与教育工作中帮助大学生确立正确的政治方向，从而促进大学生马克思主义世界观的形成。

学生工作者必须具有相应的文化水平和专业知识，才能接近大学生的共同的语言和心理特征。一支合格的学生工作者队伍，一方面既要求他们是学生工作的实践家，另一方面又要求他们是学生工作理论的研究专家。只有具备这种综合素质，才能博得学生的敬重和信任，更好地开展工作。学生工作者要不断更新知识内容，增加理论深度，扩大知识面，提高实际工作能力。学生工作者本身的悟性、道德水准和政治素养直接关系到学生教育管理工作效果。要将学生教育管理与实施全面素质教育相结合，拓展和延伸学生工作的内容和空间，寻求学生工作者和学生整体素质相互促进、共同提高的结合点，实现两者的良性互动。

其次，要具备牢固的共产主义人生观。高校学生工作者只有具备了牢固的共产主义人生观，才能在教学与教育工作中，始终贯穿对大学生进行以辩证唯物主义和历史唯物主义的立场、观点和方法看待人生的教育。树立强烈的社会责任感和为人师表的爱岗、敬业精神，才能在教学与教育工作中自觉地把方便让给别人，把困难留给自己，以苦为乐，以苦为荣。要正确地面对竞争，在工作中要增强危机感、紧迫感和责任感，增强主动性、积极性和创造性，增强对荣誉、得失、风险、失败等的承受能力，始终保持清醒的头脑，做到胜不骄、败不馁，使自己的心态经常处于平衡状态。要敢于竞争，善于竞争，同时还要引导大学生树立积极的竞争观，并通过竞争培养大学生的顽强拼搏精神。

再次，要具备积极的创新教育观念。高校承担着培养和造就创新人才的重任，要通过创新的机制保证教育内容、教育方法、教育载体、教育渠道上的创新，努力培养出广受社会欢迎的高素质创新人才。一要重视制度的创新。学生工作者要尽快转变传统角色，用规范的管理和高质量的服务影响学生，构建民主平等的师生关系，确立学生在教育和管理工作中的主体地位，逐步把学校教育管理工作重心向学生主体转移。要将教育、管理和服务功能相统一，强化服务理念，突出服务功能，更加自觉、主动、积极地为学生服务。针对新形势、新问题，研究制定一系列具有时代感，突出针对性、可操作性的新的规章制度，不断提高学生工作的科学化、制度化、规范化水平。二要注重教育内容的创新。学生工作是做人的工作，学生教育工作内容必须随着学生的思想变化而调整。对目前的大学生来说，他们已不再满足于传统的理念和模式，学生工作者可以借助易被学生接受的具有时代感的文化思想打动学生，但必须坚定不移地坚持弘扬主旋律，实现以科学的理论武装人，以正确的舆论引导人，以高尚的情操塑造人，以优秀的作品鼓舞人。三要不断探索教育方法的创新。学生工作者要讲究工作方式方法的艺术性，必须树立“以人为本，学生至上”的观念，开展广泛的调查研究，切实解决学生中存在的苗头性、倾向性问题，并以自身的实际行动做良好校风的建设者、维护者；把解放思想认识问题与解决实际问题相结合，充分运用现代化的传播手段，达到应变及时、有效控制思想舆论阵地的目的，增强学生工作的吸引力、影响力、渗透力，及时调整工作角度、转变思维方式，增强学生工作的针对性、实效性；要创造良好的育人环境，营造积极健康向上的校园文化氛围，陶冶学生热爱集体、刻苦学习、团结互助、文明健康的情操，激发其爱国主义和献身社会主义事业的热情；要发挥学生团体和学生骨干的辐射作用，使之成为学生教育管理工作的重要载体。

最后，要具备强烈的信息意识。高校学生工作者只有具备了强烈的信息意识，才能学会和善于收集信息和运用现代化的网络技术获取所需信息，根据信息判断、推理、筛选出有价值的信息，再对信息进行检索、分析、利用，从而为学生工作的决策提供依据。学生工作干部在提高自己的同时，要注意培养大学生开发信息、储存信息、处理信息和转化信息的能力；要认识到教学与教育过程就是一个双向信息交流的过程。正确认识和处理这种双向信息交流，并使信息交流渠道通畅，是完成教学、教育、管理任务和提高质量的重要条件。因此必须加大信息应用力度，把学生思想教育工作的领地推向网络前沿，将网络的宣传、教育功能有效地引入思想教育和管理领域。

总之，应从全方位入手，提高学生管理工作者的素质和水平。应健全学生工作者队伍培养机制，定期进行专业培训，给他们创造提高学习的机会，自觉把学生管理创新理念与学生管理工作实践相结合；从人员结构、职称待遇等方面入手，改善队伍结构，提高相关待遇，让学生工作人员把学生管理工作作为自己潜心研究的专业、立志从事的职业和乐于奉献的事业；健全考核、评估、激励、反馈机制，坚持实事求是、公正全面的考核原则，努力激发学生工作者队伍的积极性，增强他们的事业心和责任感。

三、创新学生管理工作的方法

在全球化的背景下，传统的学生管理方法面临着严峻的挑战。随着学科的建设和发展，学生管理也应当形成自身科学的、实效的方法论。进行方法论的研究和创新已成为学科创新的当务之急。

目前，我国高校学生管理队伍中普遍存在着工作观念滞后、思路滞后、方法滞后、手段滞后等问题，跟不上时代发展的需要。学生工作人员要善于运用现代管理方法和信息手段，创造适合学生发展规律的、切合学生身心特点的工作方法，使学生工作更富感染力和实效性；要经常深入学生的学习和生活，重点关注学生中的特殊群体，使学生工作更富有说服力和艺术性；要深入挖掘和树立青年学生中的先进典型，树立可亲、可信、可学的道德榜样，使学生工作更富有吸引力和生动性；要定期进行学生状况的调查分析，为政策制定和方法研究提供可靠依据和参考资料，及时总结新做法，推广新经验，使学生工作更富有影响力和创新性。

我国高等教育逐步步入国际化轨道，这就必将要求我国高等教育要按照国际化的标准去衡量办学水平，所培养的人才规格也必将向国际标准转变；信息化、网络化的加速，使国外文化大量涌入，不同程度地冲击着当代大学生的思想；高校扩招，学生人数激增，学生质量出现了不同程度的滑坡现象；高校体制改革，就业方式转换，学生的就业压力加大；高校后勤社会化的步伐加快，传统的学生管理模式已不适应新形势的发展等。所有这些新情况、新问题都迫切要求高校学生工作要转换观念，探索新的工作机制，运用现代教育手段，进行全面创新。而思想是先导，要创新必先更新观念，转换脑筋，从传统的工作思维方式中解放出来，从不合时宜的教育观念中解放出来，从不切实际的“高、空、虚”的工作理念中解放出来。

首先，应借鉴相关学科的知识和经验，拓宽学生管理工作的研究视野。在继承党的思想政治工作优良传统的基础上，借鉴和吸收相关学科的研究成果和方法，是拓宽研究视野，深化理论认识，从而不断开创新形势下学生管理工作新局面的途径之一。比如，教育心理学理论在大学生管理中的运用：运用个性理论以提高学生管理的针对性；运用气质理论以增强学生管理的预见性；运用性格理论以增强学生管理的科学性；运用需要理论以增强学生管理的激励性和实效性。除此以外，还可以从社会学、伦理学、经济学、管理学等学科出发，从不同侧面对学生管理的意蕴进行剖析，深化对学生管理本质的认识。更值得关注的是，目前学生管理研究已不局限于社会科学的借鉴，而开始关注自然科学系统论或生态学视野下的学生管理，尽管这一探索还有待一定时日的实践来检验，但这种理论探索的精神还是值得拥有的。

其次，应注重以实证研究的方法检验学生管理理论的科学性。传统的学生管理研究方法主要是采用以思辨为基础的理论研究和逻辑研究。广泛地使用实证研究方法是对学生管理研究有益的补充。实证研究就是根据现有的材料进行统计、分析、实验，通过量化的、精确的测试得出结论，其中包括编制调查问卷、量化模型数量分析、矩阵概率数学方法等，以此客观真实地了解和反映大学生的思想现状与特点，坚持定性与定量方法相结合，真正实现学生管理决策的科学化。

最后，“他山之石，可以攻玉”，应关注国外学生管理的新方法，通过比较研究借鉴其中有益的成分为我所用。学生管理必须与时代主题紧密结合，大胆吸收人类文明中的先进、有益成分。通过了解国外学生管理的历史、现状和发展趋势，比较、鉴别、融合，推动我国学生管理学科的发展。

参考文献

[1]聂娟.高校学生管理的艺术[M].长春:吉林出版集团股份有限公司,2022.

[2]沈佳,许晓静.基于多视角下的高校学生管理工作探究[M].北京:现代出版社,2022.

[3]甘雪梅,宗宝璟.高校学生管理研究[M].长春:吉林出版集团股份有限公司,2022.

[4]李晓辉.高校学生事务管理工作与模式研究[M].天津:天津科学技术出版社,2022.

[5]邢良.高校德育引导与学生管理创新研究[M].北京:北京工业大学出版社,2022.

[6]尹冬梅.新时代高校学生社团建设与管理案例集[M].上海:复旦大学出版社,2022.

[7]张娉.新时期高校美育与学生教育管理研究[M].长春:吉林出版集团股份有限公司,2022.

[8]樊文娴,马识淳.高校体育教学与大学生体育运动管理[M].长春:吉林出版社,2022.

[9]王建兴,高萌,侯娟.高校学生危机事件有效应对策略[M].北京:中国商业出版社,2022.

[10]朱松华,张颖.高校师资队伍建设与教育质量管理创新[M].长春:吉林出版集团股份有限公司,2022.

[11]祁素萍.高校学生管理工作创新与研究[M].长春:吉林人民出版社,2021.

[12]杨潇.高校学生管理工作与法治化研究[M].北京:北京工业大学出版社,2021.

[13]刘青春.信息时代高校学生管理模式的转变及创新[M].沈阳:辽宁大学出版社,2021.
[14]赵威.基于应用型人才培养的高校学生管理创新模式研究[M].长春:吉林出版集团股份有限公司,2021.
[15]刘燧.新时代地方高校学生管理与辅导员工作创新研究[M].长春:吉林大学出版社,2021.
[16]陈少平.高校学生伤害事故管理研究[M].厦门:厦门大学出版社,2021.
[17]陆宝萍.高校学生公寓管理及文化建设初探[M].北京:北京理工大学出版社,2021.
[18]姚丹,孙洪波.高校教育信息化管理与学生管理工作[M].北京:中国纺织出版社,2021.
[19]王炳堃.高校学生管理教育与校园文化建设[M].长春:吉林出版集团股份有限公司,2021.
[20]杨锐.新时代高校学生事务管理理论与实践[M].长春:吉林人民出版社,2021.
[21]邓军彪.地方高校学生管理工作的创新与实践研究[M].汕头:汕头大学出版社,2021.
[22]高健磊.新时期高校管理与发展路径探索[M].北京:中国政法大学出版社,2021.
[23]万超,周探伟,慈继豪.高校大学生社会实践与创新能力培育[M].长春:吉林人民出版社,2020.
[24]梁丽肖.教育信息化背景下高校管理机制探究[M].长春:吉林人民出版社,2021.
[25]奉中华,张巍,仲心.大学生教育管理的创新与实践研究[M].长春:吉林人民出版社,2021.
[26]陈思杭,王中梅.高校学生工作典型经验研究和案例精编[M].北京:中国商业出版社,2021.

[27]宋述贤,巩绪福.高校法学教育与德育管理[M].长春:吉林人民出版社,2021.
[28]李玲.高校学生管理工作创新研究[M].长春:吉林人民出版社,2020.
[29]饶先发,郭斓.新时代中英高校学生事务管理比较研究[M].北京:冶金工业出版社,2020.
[30]宋丽萍.新媒体环境下高校学生教育管理工作创新研究[M].长春:吉林大学出版社,2020.
[31]叶云霞.高校人力资源管理与服务研究[M].长春:吉林大学出版社,2020.
[32]谢丽娜.高校体育风险管理研究[M].长春:吉林人民出版社,2020.
[33]郑海味.高校学生工作典型案例研究[M].上海:上海交通大学出版社,2020.
[34]吴彧一,王爽,刘红.高校人事档案管理实务与创新[M].延吉:延边大学出版社,2021.
[35]黎海楠,余封亮.高校学生管理与和谐校园[M].长春:吉林出版集团股份有限公司,2019.
[36]杨大鹏,马亚格,罗茗.高校学生工作管理创新研究[M].北京:北京理工大学出版社,2019.
[37]吴能武,张惠虹.高校学生学籍管理案例解析[M].上海:上海教育出版社,2019.
[38]林琳.高校艺术类专业学生管理理论与实践探索[M].北京:北京工业大学出版社,2021.
[39]丁国勇.高校学生学业表现数据建模研究[M].济南:山东大学出版社,2019.
[40]张涛轩,杨学慧.高校学生思想政治教育与创业指导[M].北京:中国商务出版社,2019.
[41]丁兵.当代高校教育管理研究[M].西安:西北工业大学出版社,2019.
[42]刘科荣.广东高校心理育人工作研究[M].广州:广东高等教育出版社,2020.